Junior NKIERE MAKOLONI

CURSO DE INFORMÁTICA DO SEGUNDO ANO SA

Junior NKIERE MAKOLONI

CURSO DE INFORMÁTICA DO SEGUNDO ANO SA

ScienciaScripts

Imprint
Any brand names and product names mentioned in this book are subject to trademark, brand or patent protection and are trademarks or registered trademarks of their respective holders. The use of brand names, product names, common names, trade names, product descriptions etc. even without a particular marking in this work is in no way to be construed to mean that such names may be regarded as unrestricted in respect of trademark and brand protection legislation and could thus be used by anyone.

Cover image: www.ingimage.com

This book is a translation from the original published under ISBN 978-620-6-71552-8.

Publisher:
Sciencia Scripts
is a trademark of
Dodo Books Indian Ocean Ltd. and OmniScriptum S.R.L publishing group

120 High Road, East Finchley, London, N2 9ED, United Kingdom
Str. Armeneasca 28/1, office 1, Chisinau MD-2012, Republic of Moldova, Europe
Managing Directors: Ieva Konstantinova, Victoria Ursu
info@omniscriptum.com

Printed at: see last page
ISBN: 978-620-8-51192-0

Conteúdo

PREFÁCIO

O mundo atual está a evoluir ao ritmo dos computadores e da Internet (auto-estradas da informação). Todos os aspectos da nossa sociedade são regidos por uma organização e uma administração baseadas nas tecnologias da informação. A informática, que até agora era considerada e utilizada como instrumento e apoio de certas disciplinas nos sistemas educativos nacionais, deve tornar-se um verdadeiro objeto de estudo por direito próprio. E este ensino só pode ser feito de forma eficaz com base num suporte bem escrito por um especialista em informática, respeitando o currículo nacional do país.

Em particular, o ensino desta disciplina levará o aluno a adotar um comportamento responsável e a demonstrar competências de vida prática em relação às TI.

Agradecemos ao Ministério Provincial do EPST de Haut-Uele e à Inspeção Provincial de Haut-Uele 2 pela sua participação na realização deste livro, que será útil não só à Província de Haut-Uele, mas também a todas as escolas do nosso país que oferecem a opção Secretariado-Administração.

Recomendamos que as escolas compreendam a utilidade das ferramentas informáticas e que façam mais para desvendar os mistérios desta nova disciplina, que transformará as crianças congolesas em indivíduos responsáveis e úteis para si próprios e para a sociedade.

RESUMO

O segundo ano das humanidades de Secretariado-Administração baseia-se essencialmente em conceitos informáticos orientados para a execução de procedimentos relativos ao tratamento de um dossier, ao tratamento da informação e à redação de relatórios, à hierarquização diária do trabalho a realizar, à planificação de reuniões, às deslocações e viagens do pessoal, ao domínio de conceitos informáticos de base, à utilização da Internet e à redação de um documento.

O sector das TI atrai um grande número de pessoas que procuram orientação ou reconversão profissional, devido à riqueza e diversidade de oportunidades de carreira que oferece. O sector está em constante evolução, com muitas possibilidades de inovação e oportunidades de carreira. No entanto, os estudantes devem estar conscientes das várias desvantagens associadas a este sector.

Como dissemos no livro anterior sobre o primeiro ano das humanidades do Secretariado-Administração, o ensino secundário tem por objetivo dotar os alunos de conhecimentos gerais e específicos que lhes permitam compreender os elementos do património cultural nacional e internacional. Visa também desenvolver o espírito crítico, a criatividade e a curiosidade intelectual, e preparar os alunos para uma atividade ou profissão, ou para o prosseguimento de estudos superiores ou universitários.

A redação de um livro é uma necessidade vital para remediar os muitos problemas e desafios, tais como o desrespeito do currículo nacional para os cursos de informática para alguns e o respeito parcial deste currículo nacional para outros, o que prova uma falta de profissionalismo no ensino, porque o objetivo final da educação nacional é a formação harmoniosa do congolês, um cidadão responsável, útil a si próprio e à sociedade, capaz de promover o desenvolvimento do país e da cultura nacional, (Loi-cadre n°86-005 du 22 /09/1986 de l'Enseignement National) L'ecole doit donc former des citoyens producteurs, créatifs, cultives, consciencieux, libres et responsables, ouverts aux valeurs sociales, culturelles et esthetiques, spirituelles et republicaines (Charte de l'Education, CNS, 1992).

O aluno do segundo ano que tenha concluído com êxito este curso será capaz de praticar todos os aspectos acima referidos para os nossos fins e manipular os vários programas operativos (Windows) e de aplicação (navegador Web Internet Explorer, linguagem Basic, processador de texto Microsoft Word e folha de cálculo Microsoft Excel).

OBJECTIVO

OBJECTIVO GERAL

No final do segundo ano do curso de secretariado-administração, o aluno será capaz de arrumar um escritório, de introduzir corretamente textos e de efetuar operações em Excel.

OBJECTIVOS ESPECÍFICOS

No final do segundo ano do curso de Secretariado-Administração de Humanidades, qualquer estudante que tenha seguido assiduamente o curso de informática será capaz de :

1. Efetuar os procedimentos necessários ao tratamento de um caso;
2. Processar a reforma e elaborar um relatório;
3. Hierarquizar o trabalho a efetuar diariamente;
4. Planear reuniões, viagens e deslocações do pessoal;
5. Explicar os conceitos básicos de computação;
6. Utilizar a Internet ;
7. Utilizar o teclado e o rato ;
8. Redigir um documento.

LEMBRETE: ORGANIZAÇÃO DA INFORMAÇÃO

EXERCÍCIOS: Ver exercícios do Ano [1]sobre ficheiros, registos de documentos, folhas de cálculo Excel, apresentações PowerPoint, organização de ficheiros, gestão de ficheiros, ...

CAPÍTULO I

GESTÃO DE BIBLIOTECAS

I.1.CRIAÇÃO DE UMA BIBLIOTECA

I.1.1.DEFINIÇÃO

Uma **biblioteca digital** (virtual ou em linha ou eletrónica) é uma coleção de documentos **digitais** (ou seja, **digitalizados** ou nascidos **digitais**) (texto, imagens, som) que podem ser acedidos remotamente (em especial através da Internet), oferecendo ao público diferentes formas de acesso à informação.

Método 1 :

1. Prima Windows + E para abrir o Explorador de Ficheiros e clique em Bibliotecas.
2. Clique com o botão direito do rato numa área vazia da janela Bibliotecas, clique em Novo e depois em Biblioteca.
3. Dê um nome à nova biblioteca e inclua/adicione pastas à nova biblioteca.

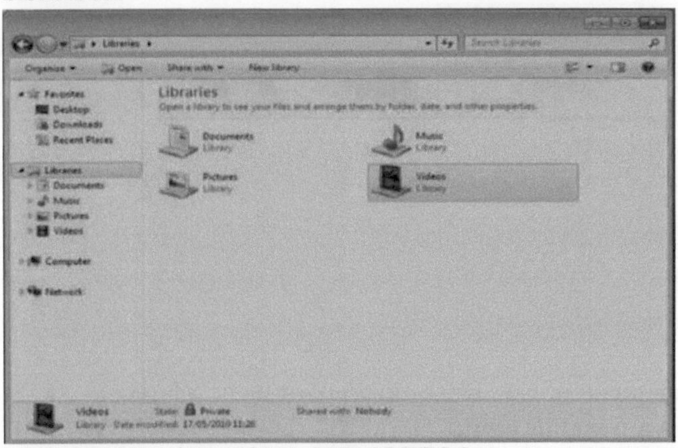

I.1.2.CRIAR UMA NOVA BIBLIOTECA

Pode criar facilmente as suas próprias bibliotecas personalizadas.

1. Para criar uma nova biblioteca, por exemplo, **Travail**, volte à pasta **Bibliotecas**.

2. Clique no botão **Nova biblioteca**.

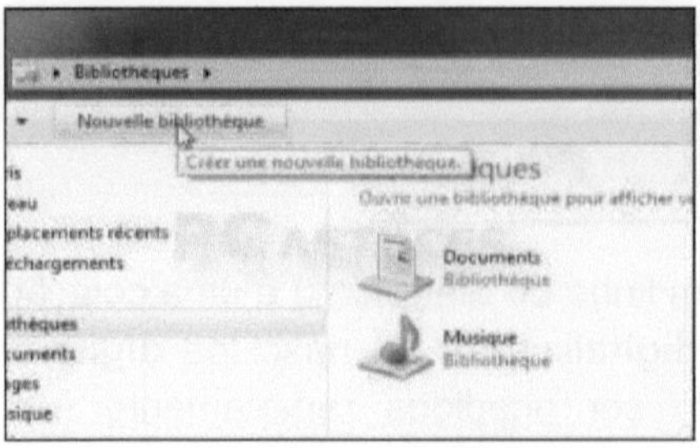

3. Dê-lhe um nome e faça duplo clique para o abrir.

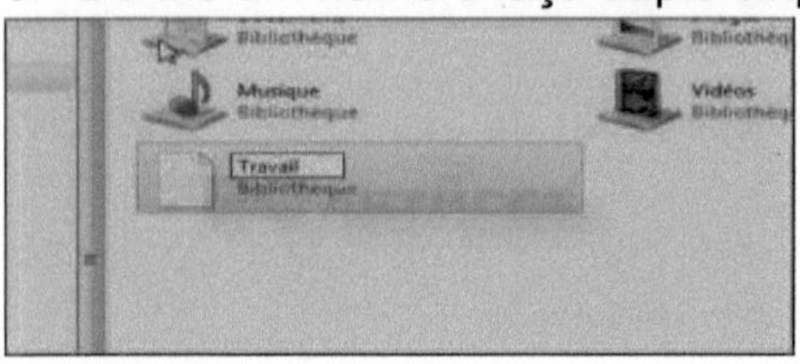

4. Em seguida, clique no botão **Incluir uma pasta**.

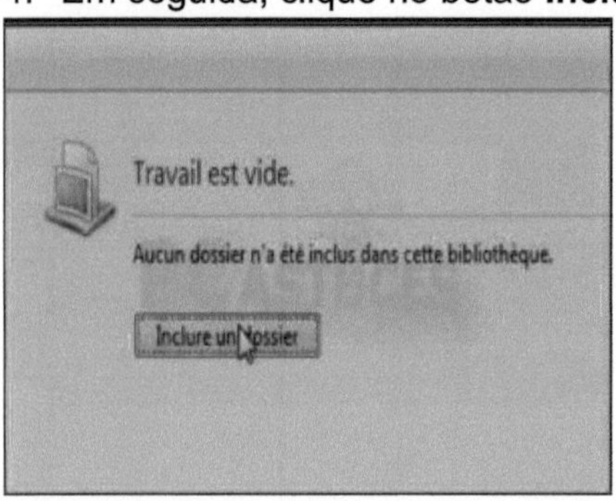

5. Selecione uma pasta no seu disco rígido para fazer referência a esta biblioteca e clique em **Incluir pasta**.

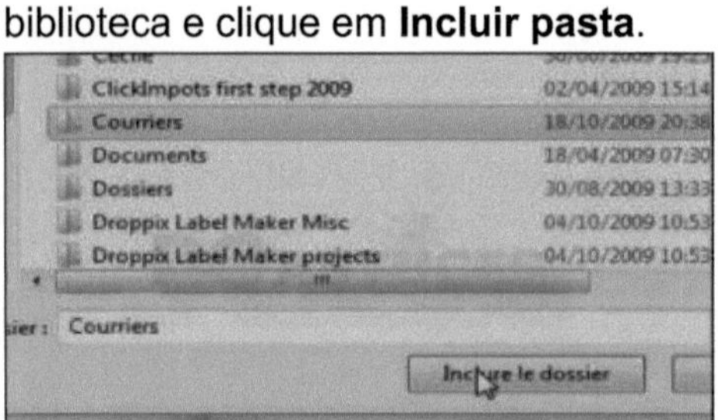

6. A pasta e o seu conteúdo podem então ser acedidos a partir da biblioteca

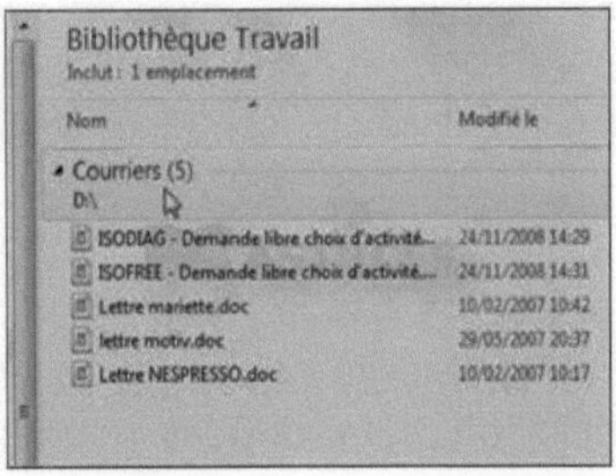

Para eliminar uma biblioteca, clique com o botão direito do rato sobre a mesma e selecione o comando **Eliminar**. Note que a eliminação de uma biblioteca não elimina os ficheiros nela contidos. Estes permanecem nas suas localizações originais

I.2.MÉTODOS PARA ENCONTRAR UM DOCUMENTO NUM FICHEIRO

Para procurar os seus ficheiros no Windows 10, utilize um dos seguintes métodos:

1. A partir da barra de tarefas

Digite o nome de um documento (ou uma palavra-chave nele) na caixa de pesquisa na barra de tarefas. Verá os resultados dos documentos no seu PC e no OneDrive em **Melhores resultados**.

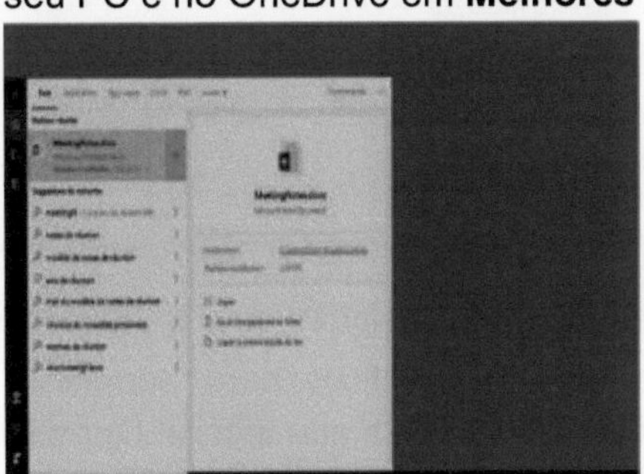

2. No explorador de ficheiros

Abra **o Explorador de Ficheiros** a partir da barra de tarefas ou clique com o botão direito do rato no menu **Iniciar**, escolha **Explorador de Ficheiros** e, em seguida, selecione uma localização no painel esquerdo para pesquisar ou procurar. Por exemplo, selecione **Este PC** para pesquisar todos os dispositivos e unidades do seu computador ou selecione **Documentos** para pesquisar apenas os ficheiros aí armazenados.

CAPÍTULO II

EXCEL

II.1.GRÁFICOS

O Excel oferece uma vasta gama de gráficos com opções muito pormenorizadas. O objetivo é poder representar os dados visualmente, independentemente do contexto. Um **gráfico** facilita a leitura e a interpretação dos resultados. Pode ser utilizado para realçar pontos notáveis, realçar variações ou destacar instantaneamente problemas que precisam de ser corrigidos.

II.1.1.FOLHA GRÁFICA E OBJECTO GRÁFICO

Os gráficos podem ser utilizados para apresentar séries de dados numéricos sob a forma de gráficos para facilitar a compreensão de grandes quantidades de dados e a relação entre diferentes séries de dados.

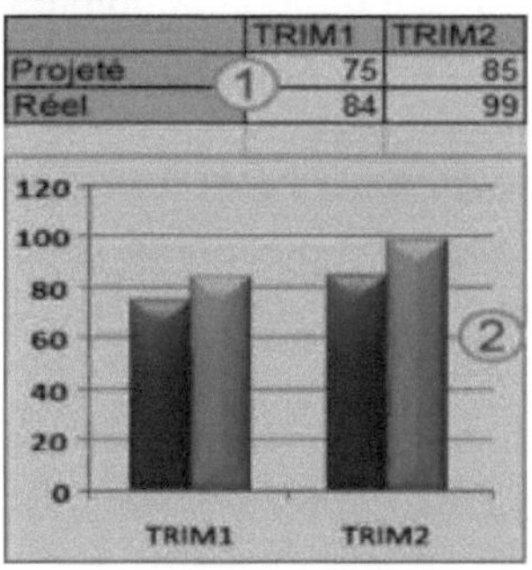

1. Dados da folha de cálculo
2. Gráfico criado a partir de dados da folha de cálculo

O Excel suporta muitos tipos diferentes de gráficos para permitir a apresentação de dados de uma forma que facilite a sua leitura. Quando cria um gráfico ou modifica um existente, pode escolher entre vários tipos de gráficos (um histograma ou um gráfico de pizza, por exemplo) e os seus subtipos (um histograma empilhado ou um gráfico de pizza 3D, por exemplo). Também pode criar um gráfico combinado, criando um gráfico que utilize vários tipos de gráficos.

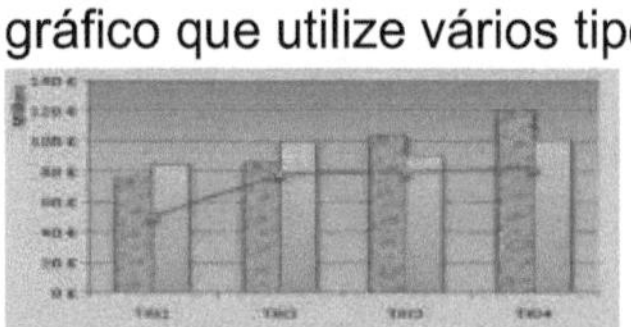

II.1.2 CRIAR UM GRÁFICO

1. ABRIR DOCUMENTO EXCEL

Para começar, abra o ficheiro Excel que contém os dados que pretende ilustrar com gráficos. Neste exemplo, o proprietário de um restaurante pretende apresentar o relatório de atividade do restaurante de 2019 aos seus empregados, de modo a dar-lhes a conhecer certas realidades da forma mais eloquente possível. A sua tabela de dados é a seguinte:

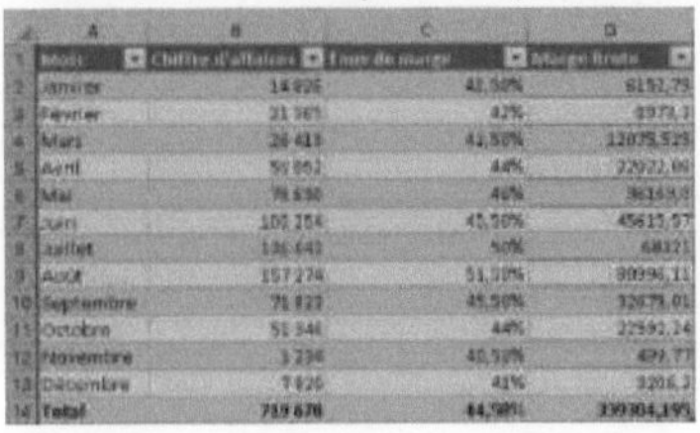

Uma análise rápida dos números mostra que a atividade é fortemente afetada pela sazonalidade, com um elevado nível de vendas nos meses de verão e muito poucos visitantes durante o resto do ano. Para além disso, a taxa de margem parece diminuir acentuadamente nos meses em que a atividade é mais fraca. É precisamente em torno destes dois aspectos que o restaurador gostaria de estruturar a sua apresentação.

2. SELECCIONAR OS DADOS EM CAUSA

Quando a recolha de dados estiver aberta, selecione as colunas da tabela que contêm os dados necessários para o seu gráfico. Neste caso, para ilustrar a extensão do fenómeno da sazonalidade, o dono do restaurante seleciona as duas primeiras colunas do seu quadro (sem retirar a última linha de totais).

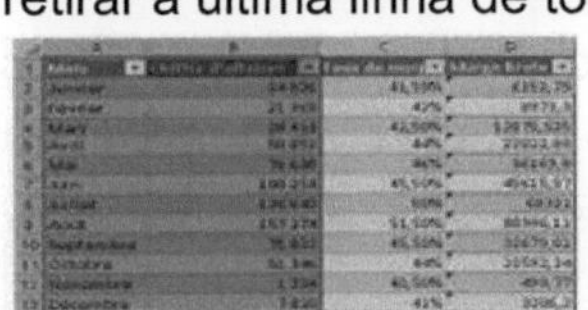

3. ESCOLHER O TIPO DE GRÁFICO

De seguida, basta indicar o tipo de gráfico que pretende criar. Para tal, no separador **Inserir**, clique em **Gráficos Recomendados** para escolher entre os gráficos sugeridos pelo Excel, ou abra uma das listas pendentes disponíveis no grupo **Gráficos** e, em seguida, selecione o modelo de gráfico pretendido.

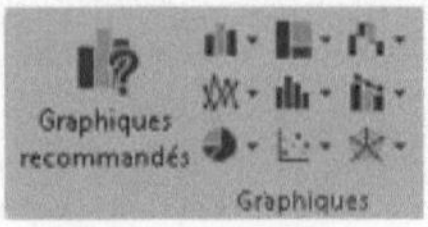

Neste exemplo, o restaurador percorre a lista **Inserir uma curva ou gráfico de área** e seleciona a primeira opção disponível nos modelos de **Curva 2D.**

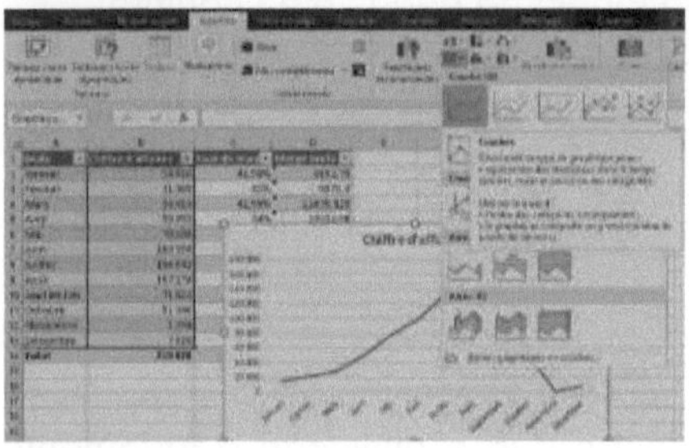

A curva obtida evidencia claramente o forte carácter sazonal da frequência do restaurante.

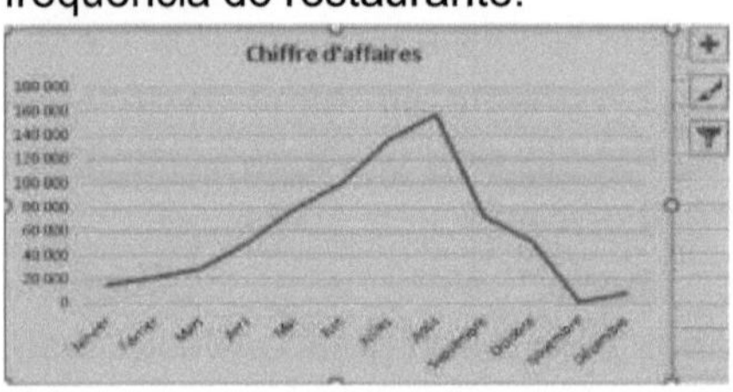

11.1.3. MODIFICAÇÃO DE UM GRÁFICO

Para modificar um gráfico ;

Clique com o botão direito do rato no **gráfico** e selecione Selecionar dados. No campo Legenda (Série), clique na série que pretende **modificar**. Clique em **Modificar**, efectue as alterações pretendidas e, em seguida, clique em OK.

Ou

a) Clique com o botão direito do rato no gráfico e **selecione Selecionar dados.**

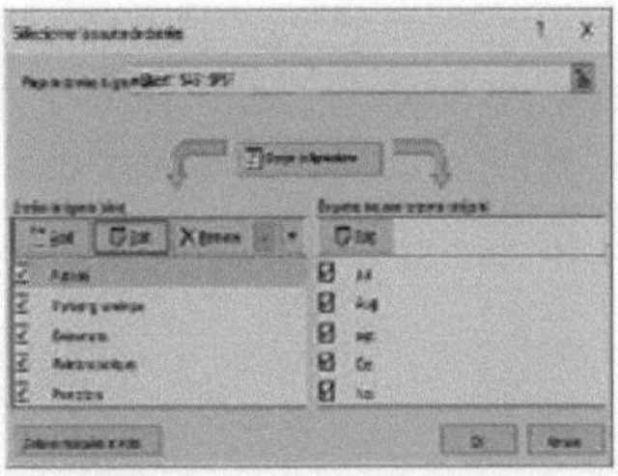

b) Na área **Entrada de legenda (Série)**, clique na série que pretende modificar.

c) Clique em **Modificar**, efectue as alterações pretendidas e clique em **OK**.

NB: As alterações efectuadas podem interromper as ligações com a fonte de dados na folha de cálculo.

d) Para reorganizar uma série, selecione-a e clique em

Avançar **para** o **LLou** Avançar para o

11.1.4. TÍTULO DO EIXO

a) Adicionar títulos aos eixos

Selecione o seu gráfico e aceda ao separador Design do gráfico que aparece. Clique na seta do menu suspenso **Adicionar elemento de gráfico** Mova o cursor sobre **Títulos de eixo**. Na janela pop-up, selecione "**Horizontal primário ou Vertical primário** ou ambos".

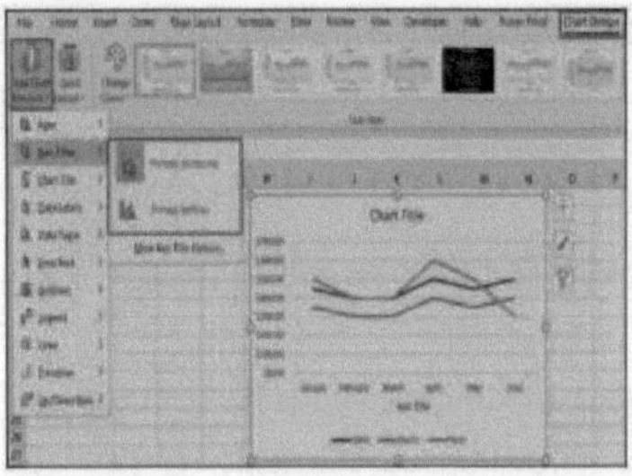

Se estiver a utilizar o Excel no Windows, também pode utilizar o ícone dos elementos do gráfico à direita do gráfico. Assinale a caixa dos títulos dos eixos, clique na seta para a direita e, em seguida, assinale as caixas dos títulos horizontais, verticais ou ambos.

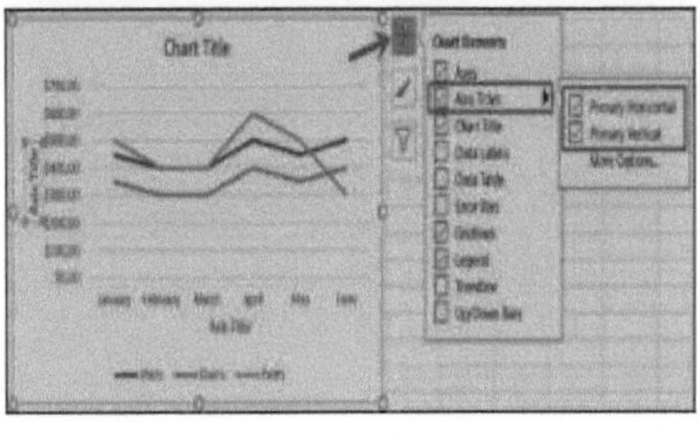

Quando o título do eixo selecionado aparece no gráfico, este tem um nome predefinido para o título do eixo. Selecione a caixa de texto que contém o título predefinido e adicione o seu próprio título.

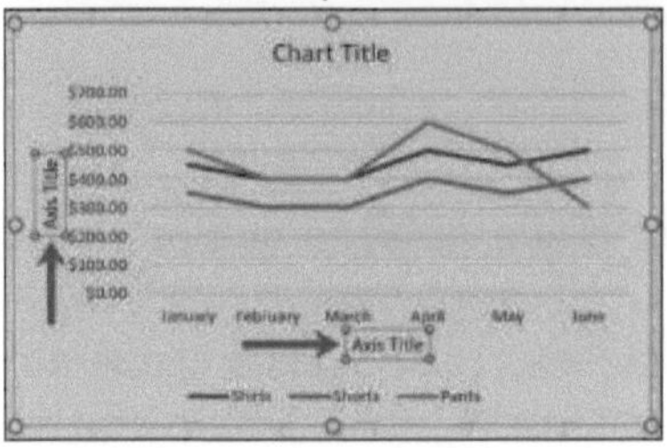

b) Personalizar os títulos dos eixos no gráfico

Pode personalizar tanto as zonas de título dos eixos como o texto dentro dessas zonas. E há várias formas de o fazer.

Em primeiro lugar, clique com o botão direito do rato no título do eixo para visualizar a barra de ferramentas flutuante. Verá as opções Estilo, Preenchimento e Contorno.

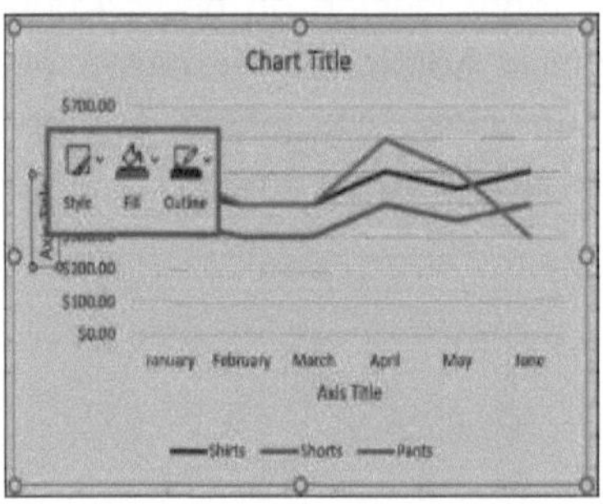

Utilize as setas pendentes junto a uma destas opções para aplicar um tema, utilizar um gradiente ou textura, ou escolher um estilo e cor de contorno.

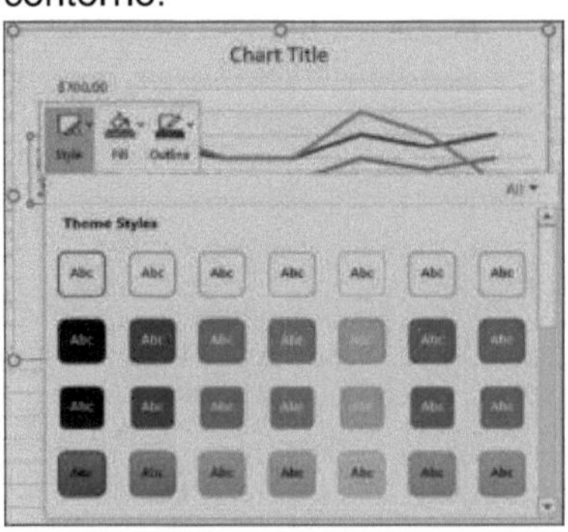

Para aumentar um pouco a personalização, comece por abrir a barra lateral Formatar título do eixo. Pode clicar com o botão direito do rato num endereço e selecionar "**Formato do endereço do eixoOu** fazer duplo clique em
num endereço.

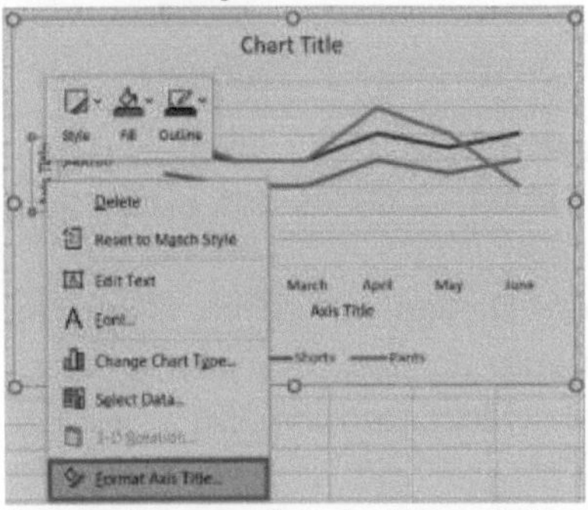

Na parte superior da barra lateral, certifique-se de que vê as opções de título. Em seguida, utilize os três separadores imediatamente abaixo para Preenchimento e linha, Efeitos e Tamanho e propriedades para efetuar os seus ajustes.
Pode fazer coisas como alterar o preenchimento ou o contorno, adicionar uma sombra ou um brilho ou ajustar o alinhamento.

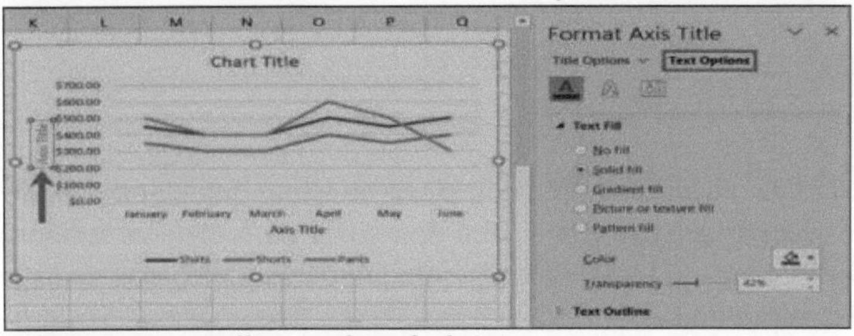

c) Para personalizar o tipo de letra

Selecione Opções de texto na parte superior da barra lateral. Em seguida, utilize os separadores para preenchimento de texto, contorno, efeitos de texto e área de texto.
Pode então fazer coisas como alterar a cor ou a transparência do tipo de letra, utilizar um formato XNUMXD ou alterar a direção do texto.

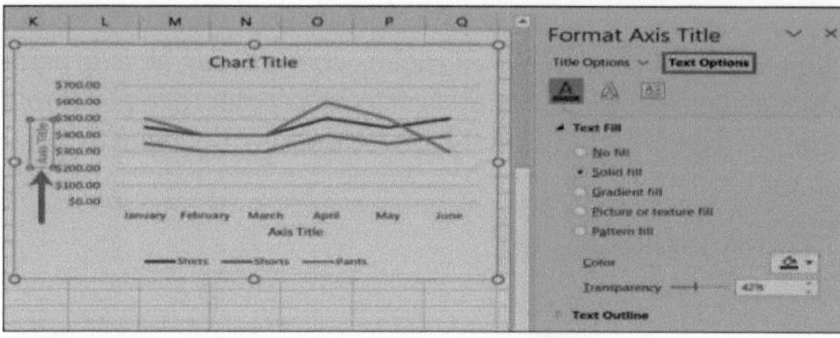

d) Eliminar os títulos dos eixos do gráfico

Se, mais tarde, decidir eliminar um ou ambos os títulos dos eixos, será igualmente fácil adicioná-los.

Selecione o gráfico e aceda ao separador Design do gráfico. Clique na seta do menu suspenso Adicionar elemento do gráfico, mova o cursor sobre os títulos dos eixos e desmarque "Horizontal primário", "Vertical primário" ou ambos.

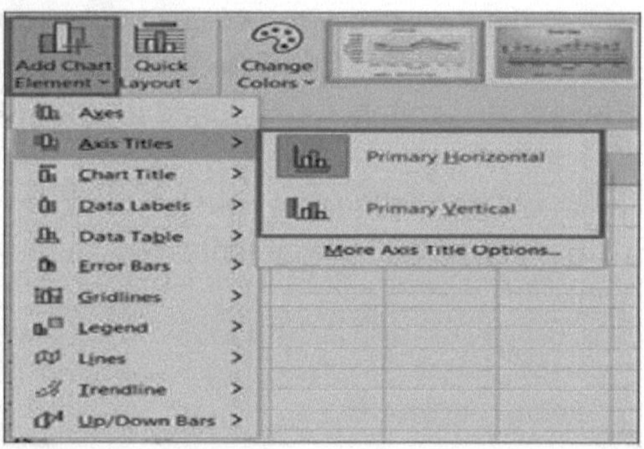

No Excel para Windows, também pode clicar no ícone dos elementos do gráfico e desmarcar a caixa dos títulos dos eixos para eliminar ambos. Se pretender manter um título, utilize a seta junto aos títulos dos eixos e selecione o que pretende.

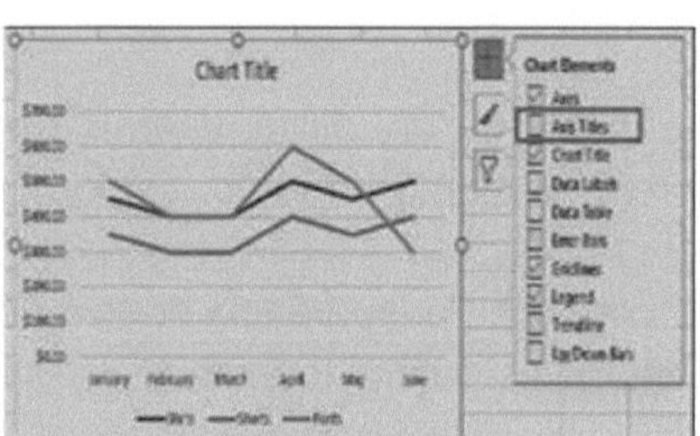

11.1.5. LEGENDA

Para legendar um gráfico no Excel ;

1. **Clique no gráfico** ao qual pretende adicionar uma legenda, clique no **botão Elementos do gráfico + e, em seguida, clique em Legenda.**

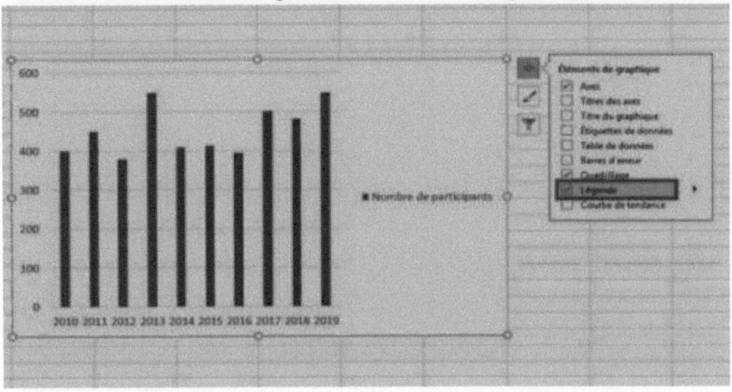

3. Para alterar a posição da legenda, clique **na seta** à direita da legenda e, em seguida, selecione a localização pretendida.

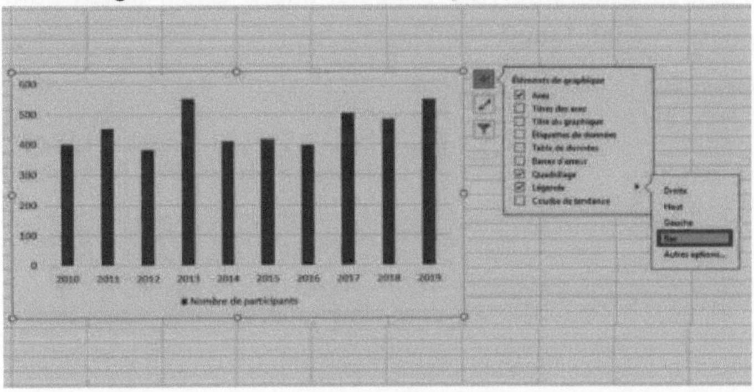

Por predefinição, não é permitido que uma legenda se sobreponha a um gráfico. Mas se tiver pouco espaço, pode reduzir o tamanho do gráfico clicando em **Mais opções** e, em seguida, desmarcando **a** caixa **Mostrar legenda sem sobreposição de gráfico**.

Para eliminar uma legenda, **clique com o botão direito do rato** na mesma e, em seguida, clique em **Eliminar**.

II.1.6.QUADROS E RÓTULOS DE DADOS

II.1.6.1.TABELA DE DADOS

II.1.6.1.1.DEFINIÇÃO

Uma tabela de dados é **um intervalo de células em que é possível modificar os valores de determinadas células e adicionar novos valores.**

respostas diferentes para um problema.

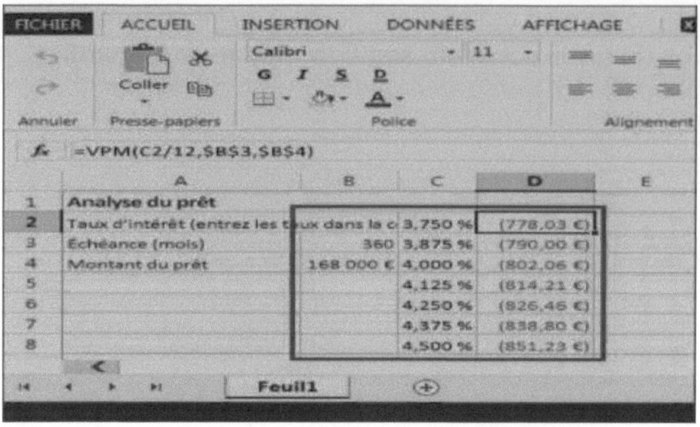

Para criar uma tabela de dados, siga estes passos:

Não confundir tabelas de dados com folhas de cálculo do Excel.

Uma tabela de dados é um intervalo especial que o Excel utiliza para calcular várias soluções para uma fórmula.

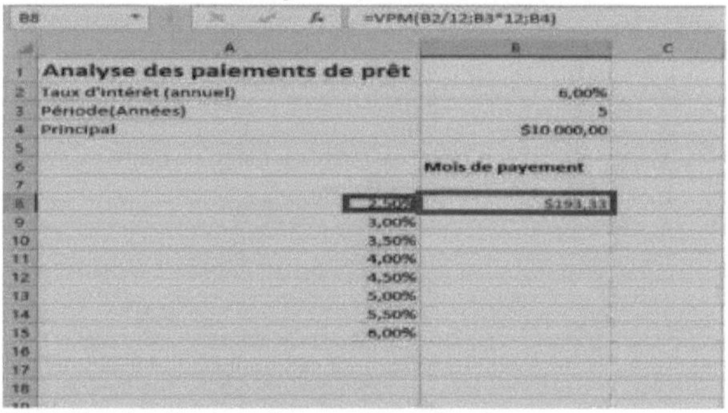

1) Introduzir os valores de entrada:

Para escrever os valores numa coluna, inicie a coluna uma célula abaixo e uma à esquerda da célula que contém a fórmula, como mostra. aqui.

Para escrever os valores numa linha, inicie a linha uma célula acima e uma à direita da célula que contém a fórmula.

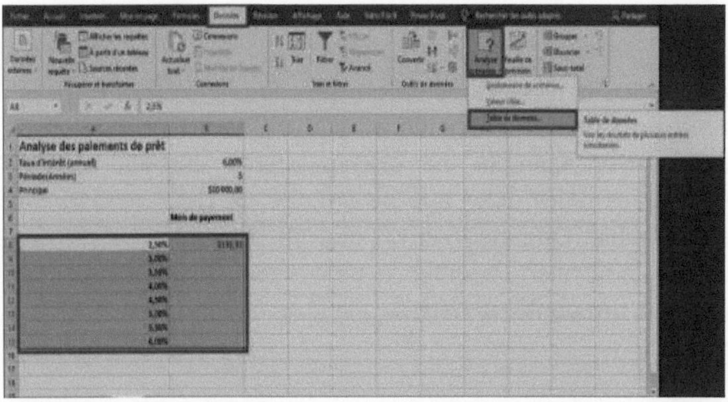

2) Selecione o intervalo que contém os valores de entrada e a fórmula.
3) Clique no separador Dados.
4) Clique em Análise de variações hipotéticas.
5) Clique em Tabela de dados.

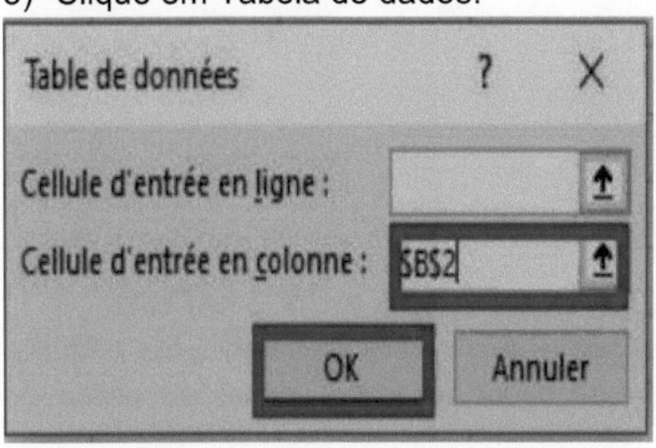

É apresentada a caixa de diálogo Tabela de dados.

6) Especifique a célula de fórmula que pretende utilizar como célula de entrada para a tabela de dados:

Se os valores de entrada estiverem numa coluna, introduza o endereço da célula de entrada na caixa de texto Coluna da célula de entrada.

Se tiver introduzido os valores de entrada numa linha, introduza o endereço da célula de entrada na caixa de texto Célula de entrada de linha.

7) Clique em OK.

II.1.6.2.ETIQUETA DE DADOS

Para identificar rapidamente uma série de dados num gráfico, pode adicionar etiquetas de dados aos pontos de dados do gráfico. Por predefinição, as etiquetas de dados estão ligadas aos valores da folha de cálculo e são actualizadas automaticamente quando estes valores são alterados.

As etiquetas de dados facilitam a compreensão de um gráfico, uma vez que apresentam pormenores sobre uma série de dados ou pontos de dados individuais. Por exemplo, no gráfico circular abaixo, sem as etiquetas de dados, é difícil dizer que as vendas de café representam 38% das vendas totais. Dependendo do que se pretende realçar num gráfico, é possível adicionar etiquetas a uma série, a todas as séries (todo o gráfico) ou a um ponto de dados.

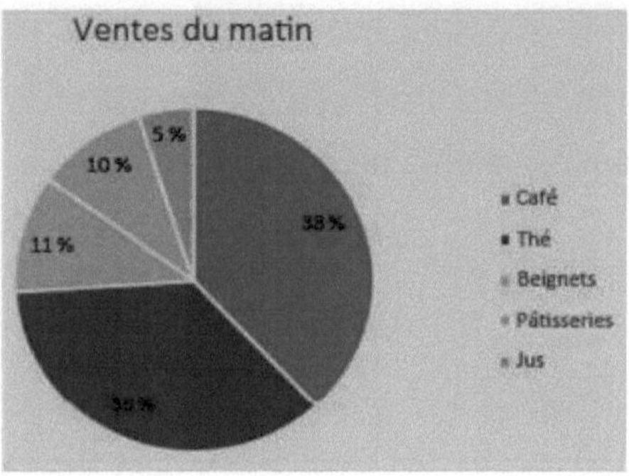

Observação: Os procedimentos a seguir se aplicam ao Office 2013 e versões posteriores.

II.1.6.2.1.ADICIONAR ETIQUETAS DE DADOS A UM GRÁFICO

1. Clique na série de dados ou no gráfico. Para adicionar uma etiqueta a um ponto de dados, depois de clicar na série, clique no ponto de dados.
2. No canto superior direito, junto ao gráfico, clique em

> **Adicionar etiquetas de dados de um elemento de gráfico**.

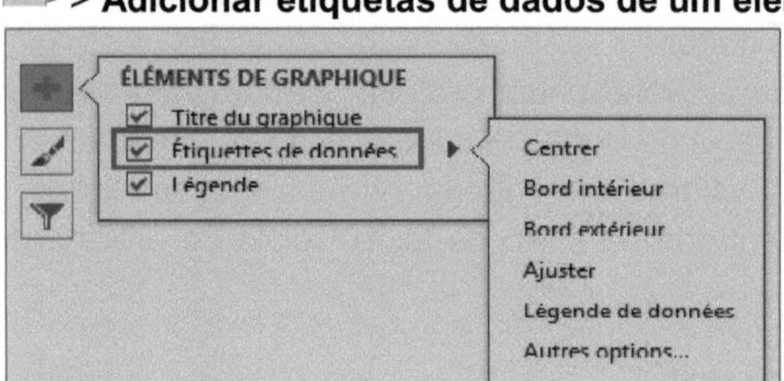

3. Para alterar a localização, clique na seta e selecione uma localização.

opção.

4. Se pretender apresentar a etiqueta de dados numa bolha de texto, clique em **Legenda de dados.**

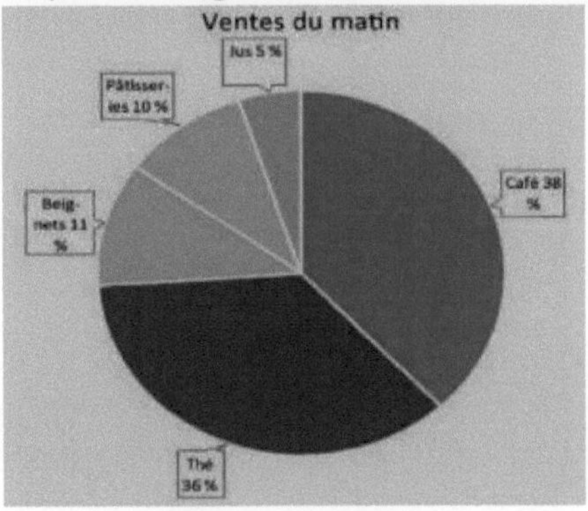

Para facilitar a leitura das etiquetas, pode movê-las para dentro dos pontos de dados ou para fora do gráfico. Para mover uma etiqueta de dados, arraste-a para a localização pretendida.

Se decidir que as suas etiquetas estão a desorganizar o gráfico, pode eliminá-las clicando nelas e premindo Apagar.

NB: Se o texto nas etiquetas de dados não for legível, redimensione as etiquetas clicando nelas e, em seguida, ampliando-as para o tamanho pretendido.

II.1.6.2.2.MODIFICAR O ASPECTO DAS ETIQUETAS DE DADOS

1. Clique com o botão direito do rato na série de dados ou na etiqueta para visualizar mais dados e, em seguida, clique em **Formatar etiquetas de dados**.
2. Clique em **Opções de etiqueta** e, em **Conteúdo da etiqueta**, selecione as opções pretendidas.

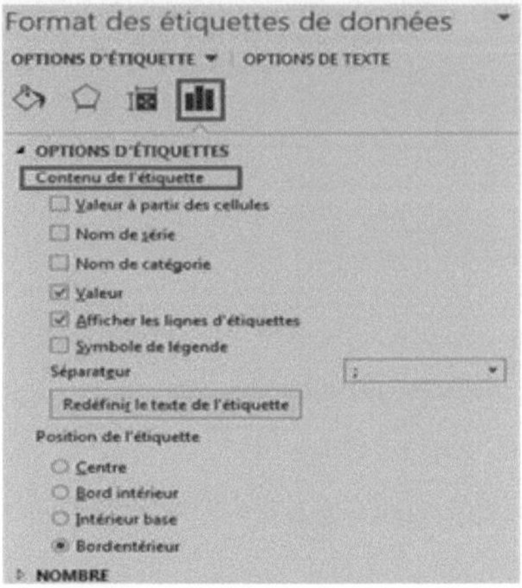

11.1.6.2.3. UTILIZAR VALORES DE CÉLULAS COMO ETIQUETAS DE DADOS

Pode utilizar valores de células como etiquetas de dados para o seu gráfico.

1. Clique com o botão direito do rato na série de dados ou na etiqueta para visualizar mais dados e, em seguida, clique em **Formatar etiquetas de dados**.
2. Clique em **Opções de etiqueta** e, em **A etiqueta contém**, selecione a caixa **Valores das células**.
3. Quando a caixa de diálogo **Intervalo de etiquetas** de dados for apresentada, regresse à folha de cálculo e selecione o intervalo para o qual pretende que os valores das células sejam apresentados como etiquetas de dados. Neste caso, o intervalo selecionado é apresentado na caixa de diálogo **"Data Label Range" (Intervalo de etiquetas de dados**). Clique em **OK**.

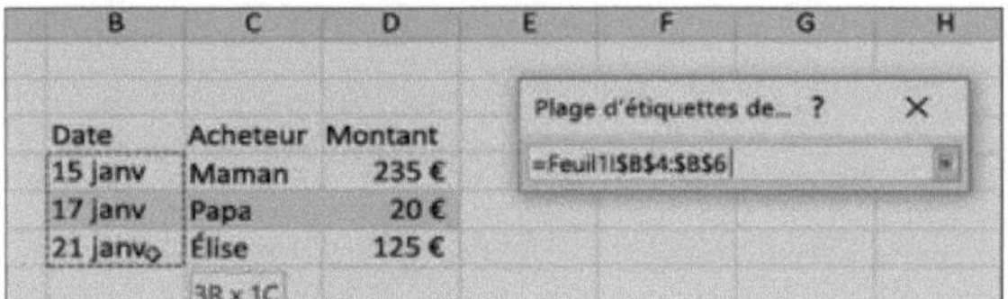

Os valores das células são agora apresentados como etiquetas de dados no seu gráfico.

11.1.6.2.4. ALTERAR O TEXTO DAS ETIQUETAS DE DADOS

1. Clique na etiqueta de dados que contém o texto a ser modificado e, em seguida, clique novamente para que seja a única etiqueta de dados selecionada.

2. Selecione o texto existente e, em seguida, escreva o texto de substituição.

3. Clique em qualquer sítio fora da etiqueta de dados.

NB: Se quiser acrescentar um comentário ao seu gráfico ou se só tiver uma etiqueta de dados, pode utilizar uma caixa de texto.

II.1.6.2.5.ELIMINAR RÓTULOS DE DADOS DE UM GRÁFICO

1. Clique no gráfico do qual deseja remover os rótulos de dados. Isto faz aparecer os separadores **Ferramentas de Gráfico** e **Design** e **Disposição**.

2. Efetuar uma das seguintes acções:

+ No separador **Design**, no grupo **Apresentação de gráficos**, clique em **Adicionar elemento de gráfico**, selecione **Rótulos de dados** e clique em **Nenhum**.

4- Clique uma vez numa etiqueta de dados para selecionar todas as etiquetas de dados num conjunto de dados ou duas vezes para selecionar uma etiqueta de dados que pretenda eliminar e, em seguida, prima DELETE (eliminar).

Clique com o botão direito do rato numa etiqueta de dados e, em seguida, clique em **Eliminar**.

Nota: Isto elimina todas as etiquetas de dados num conjunto de dados.

3. Também pode eliminar etiquetas de dados imediatamente após adicioná-las, clicando em **Anular** EE na **barra de ferramentas de acesso rápido** ou premindo Ctrl+Z.

11.1.7. ANTECEDENTES

No Microsoft Excel, é possível utilizar uma imagem como fundo de folha apenas para efeitos de visualização. Um fundo de folha não é impresso e não é armazenado numa folha de cálculo individual ou num elemento que seja guardado como uma página Web.

11.1.7.1. DEFINIR O FUNDO DA FOLHA DE CÁLCULO DO EXCEL

Pode adicionar interesse visual a uma folha de cálculo substituindo o fundo da folha branca normal por uma fotografia, desenho ou outra imagem.

Por exemplo, uma folha de cálculo que regista o montante necessário para umas férias futuras pode apresentar uma fotografia do destino proposto como fundo. Ao escolher a imagem que pretende utilizar como fundo, certifique-se de que seleciona uma imagem que não dificulte a leitura do texto da folha de cálculo. Por exemplo, se o texto da folha de cálculo for escuro, escolha uma imagem de cor clara como fundo.

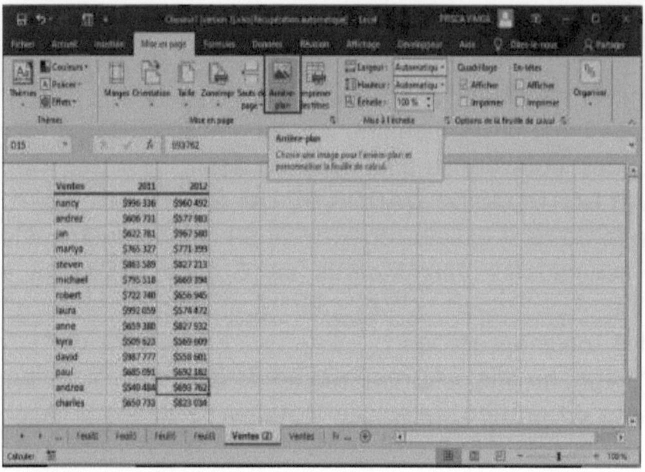

1) Clique no separador da folha de cálculo que pretende personalizar;
2) Clique no separador Configurar página;
3) Clique em Fundo.

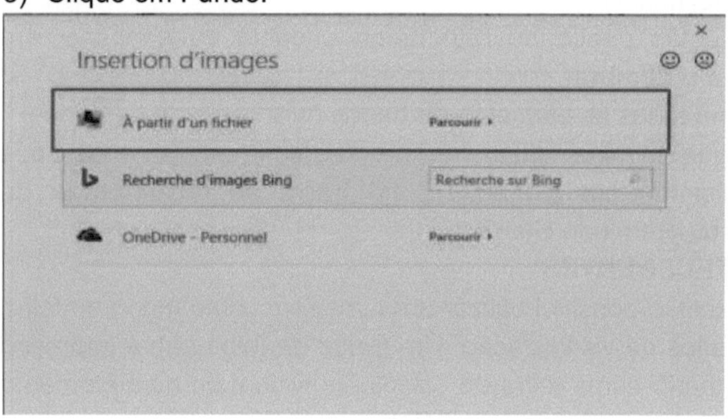

Aparece a caixa de diálogo Inserir imagens.

4) Clique em A partir de um ficheiro.

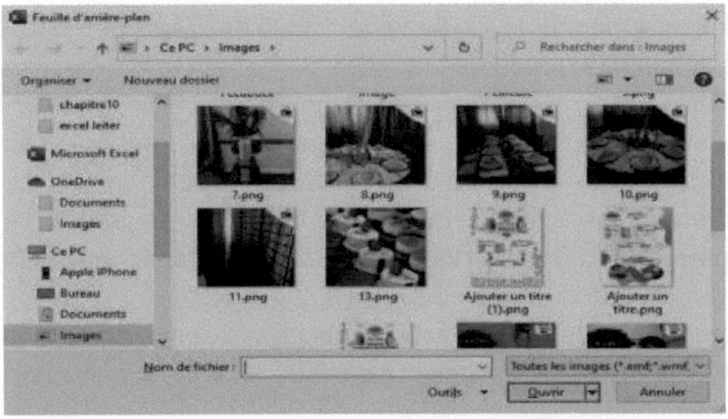

Aparece a caixa de diálogo Fundo da folha.

5) Selecione a localização da imagem que pretende utilizar.
6) Clique na imagem.
7) Clique em Inserir.

O Excel formata o fundo da folha de cálculo com a imagem que selecionou.

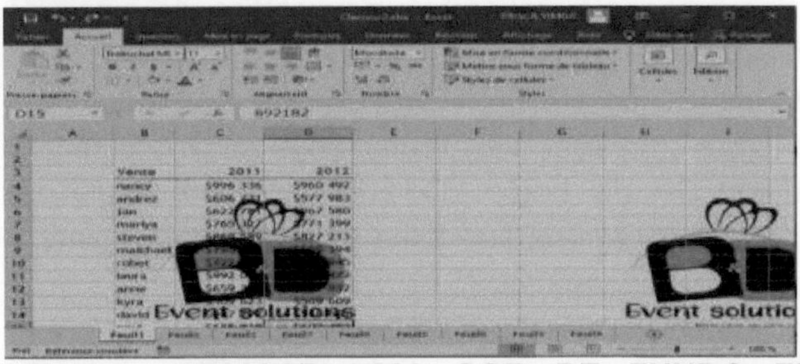

11.1.7.2. APLICAR UMA COR DE FUNDO EM VEZ DE UMA IMAGEM DE FUNDO

O Excel não dispõe de um comando que altere a cor de fundo de toda a folha de cálculo.

Em vez disso, é preciso primeiro ;

1) selecionar todas as células da folha de cálculo, clicando em Selecionar tudo.

2) Clique no separador Página inicial, na seta da lista pendente Cor de preenchimento e, em seguida, na cor que pretende utilizar.

3) O Excel aplica a cor ao fundo de cada célula.

II.1.7.3.REMOVER A IMAGEM DE FUNDO DA FOLHA DE CÁLCULO

Se achar que a imagem de fundo dificulta a leitura do texto da folha de cálculo, deve remover o fundo.

1) Clique no separador da folha de cálculo,

2) clique em Configurar página e, em seguida, clique em Eliminar fundo. O Excel exclui a imagem de fundo da planilha.

II.1.8. SECTORES

Os gráficos de tartes ou gráficos de tartes, como também são conhecidos, são uma forma comum de mostrar a contribuição de quantidades ou percentagens individuais para o total. Nesses gráficos, a torta inteira representa 100% do todo, enquanto as *fatias da torta* representam partes do todo.

As pessoas adoram gráficos de tartes, os especialistas em visualização detestam-nos, e a principal razão científica é que o olho humano não consegue comparar ângulos com exatidão.

Mas se não podemos deixar de fazer gráficos de pizza, porque não aprendemos a fazê-lo corretamente? Um gráfico de pizza pode ser difícil de desenhar à mão, com as percentagens complicadas a representarem um desafio adicional.

No entanto, no Microsoft Excel é possível criar um gráfico de setores em um ou dois minutos. E depois, pode querer investir alguns minutos extra na personalização dos gráficos para dar ao seu gráfico de pizza do Excel um aspeto profissional.

II.1.8.1.CRIAR UM GRÁFICO DE PIZZA NO EXCEL

Criar um gráfico de pizza no Excel é extremamente simples e requer apenas alguns cliques de um botão. O ponto-chave é organizar corretamente os dados de origem na sua folha de cálculo e escolher o tipo de gráfico de pizza mais adequado.

1) Preparar os dados de origem para o gráfico circular.

Ao contrário de outros gráficos, os gráficos de pizza exigem que os dados de origem sejam organizados numa coluna ou linha. De facto, apenas uma série de dados pode ser representada num gráfico de pizza.

Você também pode incluir uma coluna ou linha com nomes de categoria, que deve ser a primeira coluna ou linha na seleção. Os nomes de categoria aparecerão na legenda do gráfico de pizza e/ou nos rótulos de dados.

Em geral, eis algumas das caraterísticas de um gráfico de pizza:

- Apenas um conjunto de dados é representado no gráfico.
- Todos os valores dos dados são superiores a zero.
- Não existem linhas ou colunas vazias.
- Não deve haver mais do que 7 a 9 categorias de dados, uma vez que demasiados sectores podem confundir o seu gráfico e torná-lo difícil de

compreender.

Vamos criar um gráfico de pizza utilizando os seguintes dados:

	A	B	C
1	Fruits	Pourcentages	
2	Ananas	36%	
3	Orange	14%	
4	Citron	13%	
5	Raison	28%	
6	Pomme	9%	
7			

2) Inserir um gráfico de pizza na planilha atual.

Depois de ter organizado corretamente os seus dados de origem, selecione-os, vá ao separador *Inserir* e escolha o tipo de gráfico que pretende. Neste exemplo, criamos o gráfico de pizza 2D mais comum:

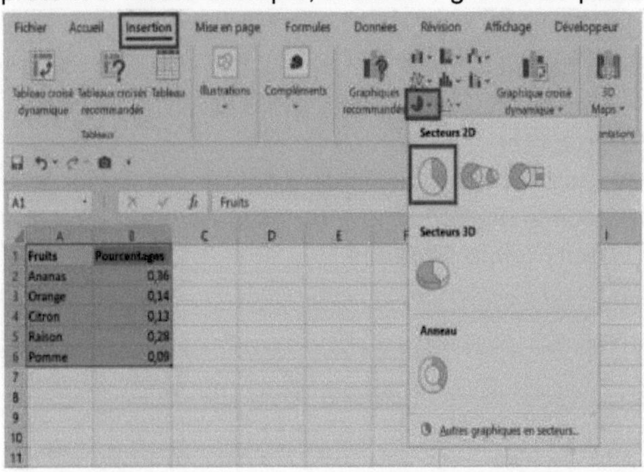

Inclua títulos de coluna ou de linha na seleção se pretender que o título da coluna/valor da linha apareça automaticamente no título do gráfico circular.

3) Escolha o estilo do gráfico de pizza (opcional).

Quando o novo gráfico de pizza estiver inserido na folha de cálculo, pode ir ao separador *"Criação de gráficos"*/grupo *"Gráficos"* e experimentar diferentes estilos de gráficos de pizza para escolher o que melhor se adequa aos seus dados.

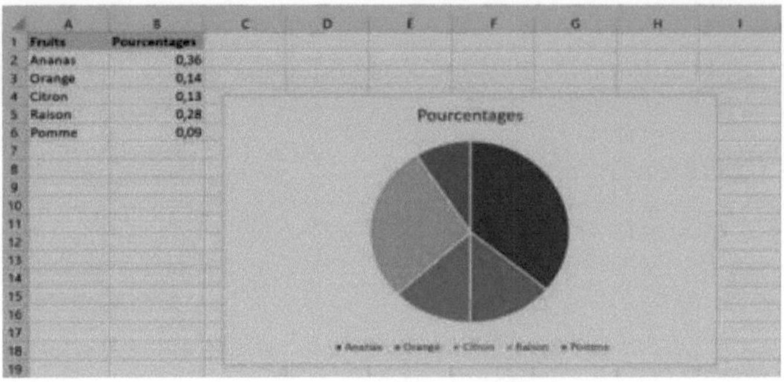

11.1.8.2. CRIAR DIFERENTES TIPOS DE GRÁFICOS DE PIZZA NO EXCEL

Quando cria um gráfico de pizza no Excel, pode escolher um dos seguintes subtipos:

- Gráfico de pizza 2D
- Gráfico de pizza 3D
- Tarte a tarte ou Barre de tarte
- Gráfico de anéis

Gráficos de pizza 2D do Excel

Este é o gráfico de pizza padrão e mais popular do Excel que provavelmente utilizará com mais frequência. É criado ao clicar no ícone 2D no separador *Inserir* / grupo **Gráficos**.

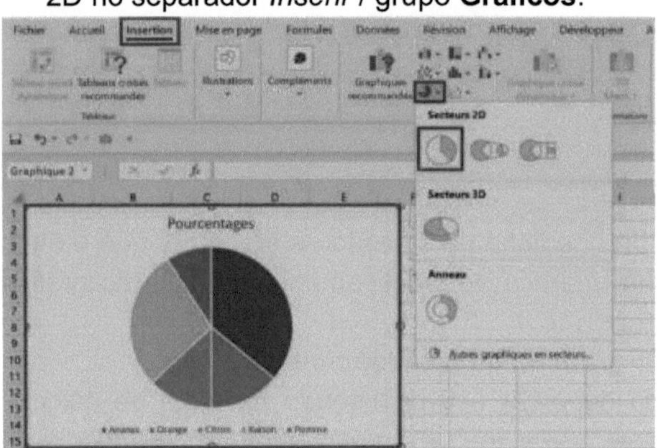

Gráficos de pizza 3D do Excel

Um gráfico de pizza 3D é semelhante a um gráfico de pizza 2D, mas apresenta os dados num terceiro *eixo.*
profundidade (perspetiva).

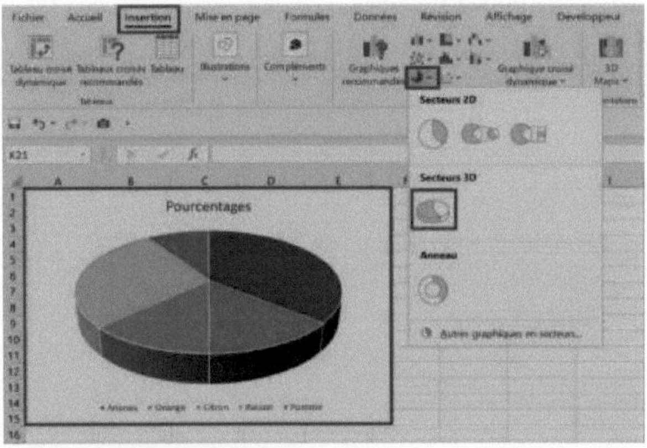

Quando cria gráficos de pizza 3D no Excel, tem acesso a funcionalidades adicionais, como a rotação e a perspetiva 3D.

Gráficos de barras e de pizza

Se o seu gráfico de tartes do Excel tiver demasiadas fatias pequenas, poderá querer criar um gráfico de tartes e apresentar as fatias pequenas numa tarte adicional, que é uma fatia da tarte principal.

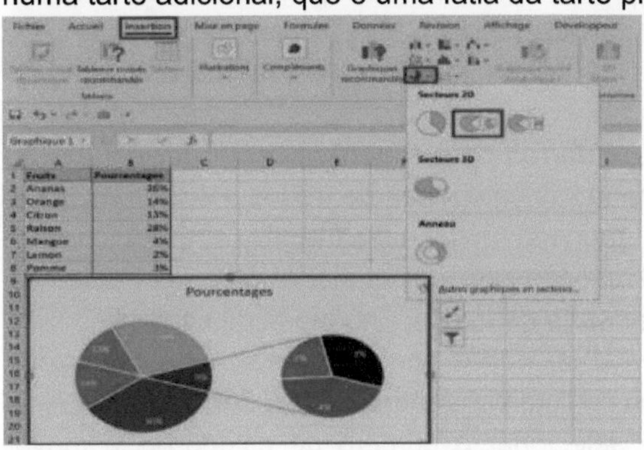

O gráfico de barras de sector é muito semelhante ao gráfico de sectores, exceto que os cortes selecionados são apresentados num gráfico de barras secundário.

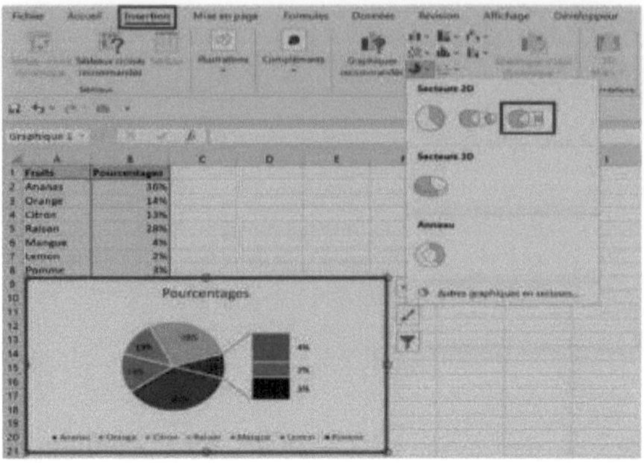

Quando cria um gráfico de barras de sectores no Excel, as últimas 3 categorias de dados são movidas para o segundo gráfico por defeito (mesmo que sejam as maiores categorias!). E porque a escolha predefinida nem sempre funciona bem, pode :

. Ordene os dados de origem na sua folha de cálculo por ordem decrescente, de modo a que os elementos com pior desempenho sejam incluídos no gráfico secundário, ou

- Selecione as categorias de dados a serem movidas para o segundo gráfico.

Escolha das categorias de dados para o gráfico secundário

Para selecionar manualmente as categorias de dados a serem movidas para o gráfico secundário, proceda da seguinte forma:

1. Clique com o botão direito do rato em qualquer fatia do gráfico de pizza e selecione *Formatar série de dados...* no menu de contexto.
2. No painel *Layout da série de dados*, em *Opções de série*, selecione uma das seguintes opções na lista pendente **Separar série de**:

- *Posição* - permite-lhe selecionar o número de categorias a mover para o segundo gráfico.
- *Valor* - permite-lhe especificar um limiar (valor mínimo) abaixo do qual as categorias de dados são movidas para o gráfico adicional.
- *Valor percentual* - é semelhante ao valor, mas aqui especifica-se o limiar percentual.
- *Personalizado* - permite-lhe selecionar manualmente qualquer fatia do gráfico circular na sua folha de cálculo e, em seguida, especificar se pretende colocá-la no gráfico principal ou secundário.

Na maioria dos casos, a definição do limiar percentual é a escolha mais razoável, mas tudo depende dos seus dados de origem e das suas preferências pessoais. A seguinte captura de ecrã ilustra a divisão do conjunto de dados por *valor percentual*:

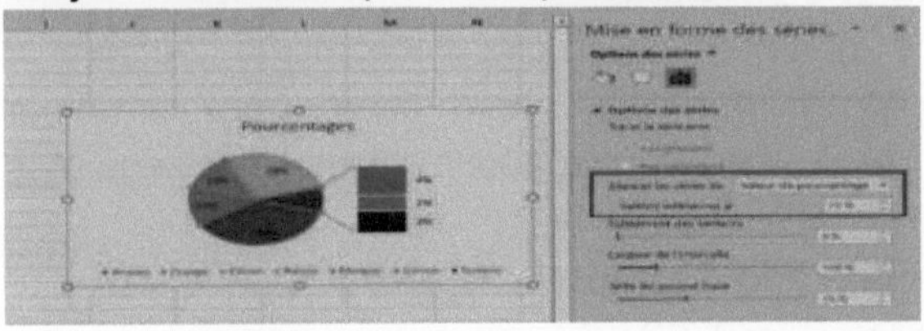

CAPÍTULO III

CÁLCULOS SIMPLES NO EXCEL

Para efetuar operações matemáticas básicas, como a adição, a subtração, a multiplicação ou a divisão, bem como para combinar números e produzir resultados numéricos, utilize os seguintes operadores aritméticos:

Operador aritmético	Significado	Exemplo
+ (sinal de mais)	Adição	= 3 + 3
	Subtração	=3-3
- (sinal de menos)	Negação	= -3
* (asterisco)	Multiplicação	= 3 * 3
/ (barra)	Divisão	= 3/3

111.1. ADIÇÃO

Pode utilizar uma fórmula simples para somar os números num intervalo (um grupo de células), mas a função SOMA é mais fácil de utilizar quando se trabalha com vários números. Por exemplo, =SUM(A2:A6) tem menos probabilidades de ter erros de introdução do que =A2+A3+A4+A5+A6.

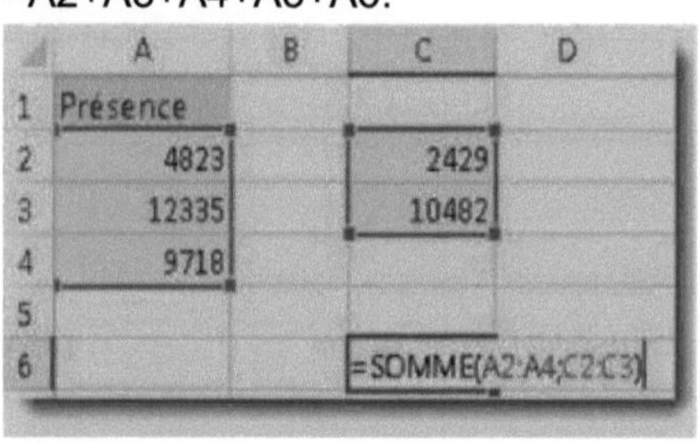

Aqui está uma fórmula que utiliza dois intervalos de células: **=SUMM(A2:A4;C2:C3) soma** os números nos intervalos A2:A4 e C2:C3. Prima Enter para obter o total 39787.

Para criar a fórmula :

1) Digite **=SOMM** numa célula, seguido de um parêntesis de abertura **(** ;

2) Para introduzir o primeiro intervalo de fórmulas, denominado *argumento* (os dados que a fórmula necessita para ser executada), escreva **A2:A4** (ou selecione a célula A2 e arraste para a célula A6);

3) Para efetuar esta tarefa, **utilize o operador aritmético * (asterisco)**. Por exemplo, se escrever =5*10 numa célula, a célula apresentará o resultado 50. Seguinte;

4) Escreva o segundo argumento, **C2:C3** (ou arraste para selecionar

células).

5) Digite um parêntese de fecho) **e** prima Enter.

III.2.SUBTRACÇÃO

a) Introduza um número nas células C1 e D1. Por exemplo, 5 e 3.

b) Na célula E1, digite um sinal de igual (=) **para** começar a criar a **fórmula**.

c) Após o sinal de igual, digite C1-D1.

d) **Prima** RETURN. Se utilizar os números deste exemplo, o resultado é 2.

111.3. MULTIPLICAÇÃO

Para efetuar esta tarefa, **utilize o operador aritmético * (asterisco)**. Por exemplo, se escrever =5*10 numa célula, a célula apresentará o resultado 50.

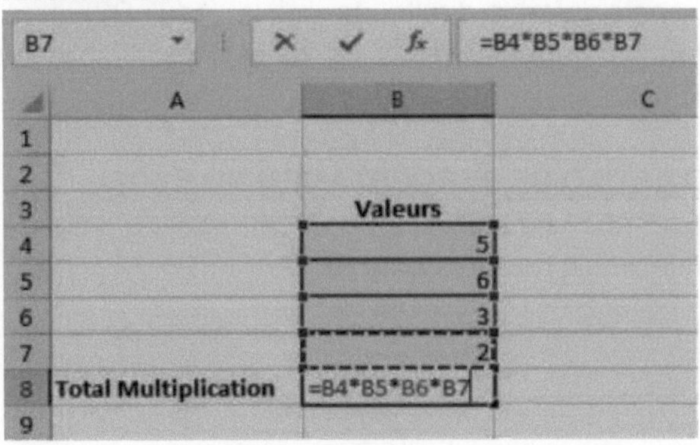

111.4. PERCENTAGEM

Ao calcular percentagens no Excel, poupa passos como a multiplicação por 100, uma vez que o programa se encarrega da formatação assim que aplica o estilo % (mais sobre isto abaixo). A fórmula para calcular percentagens no Excel é :

Número/Número total=Percentagem

Vejamos um exemplo concreto de um cálculo de percentagem: Para gerir o seu inventário, um retalhista utiliza uma folha de cálculo que lista os produtos comprados e vendidos. O número de produtos comprados pelo lojista aparece na coluna B e o número de produtos vendidos na coluna C. Para calcular as percentagens correspondentes na coluna D, introduza a seguinte fórmula (e prima [Enter]): =C2/B2

D2 =C2/B2

	A	B	C	D
1	Produit	Achats	Ventes	Pourcentage ventes
2	Chemises	40	29	73%
3	Jupes	50	32	64%
4	Chemisiers	30	23	77%
5	Pantalons	35	25	71%
6	T-shirts	50	41	82%
7	Pullovers	40	34	85%
8	Chapeaux	20	12	60%
9	Sacs	30	19	63%
10	Chaussures	25	23	92%

111.5. FÓRMULA SIMPLES DE PERCENTAGEM NO EXCEL

Faça duplo clique no canto inferior direito da célula (aqui D2) para transferir facilmente a fórmula para as linhas seguintes. O Excel aplicará automaticamente a fórmula assim que introduzir outros dados nas colunas B e C.

111.6. APLICAR O ESTILO DE PERCENTAGEM NO EXCEL

O resultado pode ainda não ser o esperado: em vez de valores percentuais, vê valores decimais na sua tabela Excel.

D2 =C2/B2

	A	B	C	D
1	Produit	Achats	Ventes	Pourcentage ventes
2	Chemises	40	29	0,725
3	Jupes	50	32	0,64
4	Chemisiers	30	23	0,766666667
5	Pantalons	35	25	0,714285714
6	T-shirts	50	41	0,82
7	Pullovers	40	34	0,85
8	Chapeaux	20	12	0,6
9	Sacs	30	19	0,633333333
10	Chaussures	25	23	0,92

Este é o aspeto da tabela do Excel sem a formatação %.

Para que o Excel adicione o sinal de % e arredonde o resultado aplicando automaticamente o estilo de percentagem, é necessário primeiro configurá-lo: a seleção rápida do formato de célula para configurar percentagens no Excel pode ser encontrada no separador "Página inicial", no grupo de opções "Número" (entre "Alinhamento" e "Estilos").

Basta clicar no sinal % para selecionar o estilo de percentagem. Pode fazer isto para uma única célula, um intervalo de células, uma coluna

inteira ou uma linha inteira. Neste exemplo, calculámos as percentagens na coluna D com
selecionar primeiro as células correspondentes :

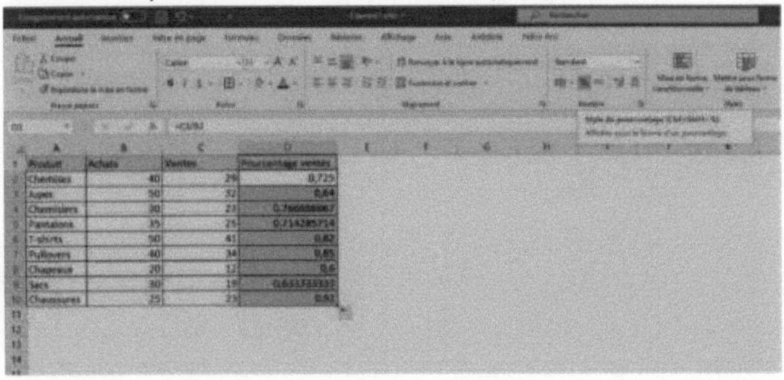

Clique no sinal % para aplicar o estilo de percentagem às células do Excel.
Em alternativa, pode aplicar o estilo de percentagem utilizando o atalho [Ctrl] + [Shift] + [%] (como mostrado na captura de ecrã).

111.7. PERSONALIZAR O ESTILO DE PERCENTAGEM NO EXCEL

Se proceder como descrito acima, as percentagens devem ser apresentadas sem casas decimais, de acordo com as predefinições. Não se preocupe, pode personalizar o estilo muito facilmente, clicando na pequena seta no canto inferior direito do grupo de opções "Número". Em alternativa, pode clicar com o botão direito do rato na célula que pretende depois de a selecionar e, em seguida, selecionar "Formato da célula" no menu que se abre.
Para modificar as percentagens no Excel, pode agora definir as casas decimais que devem aparecer. Por exemplo, se pretender apresentar dois dígitos após o ponto decimal, selecione "2".
Em seguida, clique em "OK".

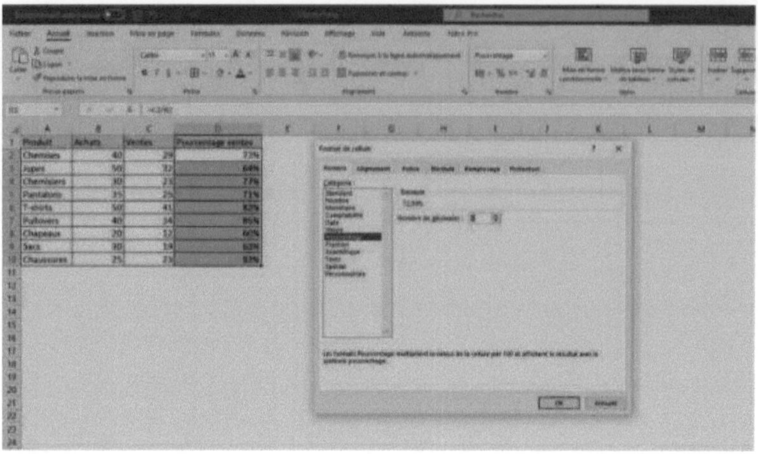

Introduza o número de casas decimais a apresentar para as percentagens em
Excel.
Na mesma janela, na categoria "Personalizado", tem também a opção de apresentar as percentagens, sem casas decimais ou com duas casas decimais.

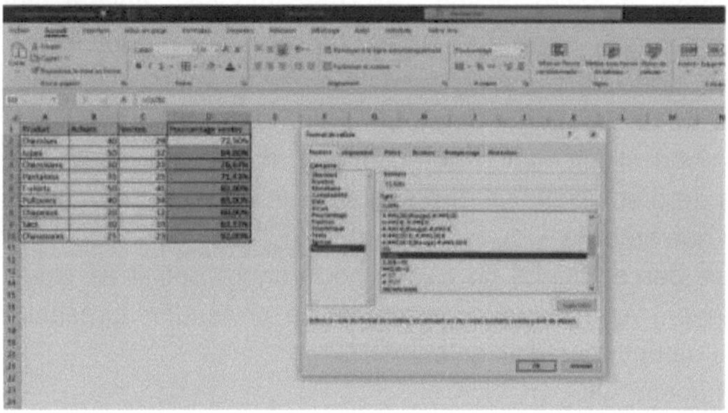

Pode apresentar as percentagens com ou sem decimais, indo a Personalizar.

CAPÍTULO IV

FUNÇÕES DO EXCEL

111.8. ONÇÃO SOMME

A função **SUM** do Excel calcula a soma de uma série de valores. Utilização :=SUM(valores)

EXEMPLO

A função SUM tem o seu próprio atalho, pelo que não é necessário procurar SUM na lista de funções.

Clique na célula que irá conter a soma e, em seguida, no botão "Somme automatique" () :

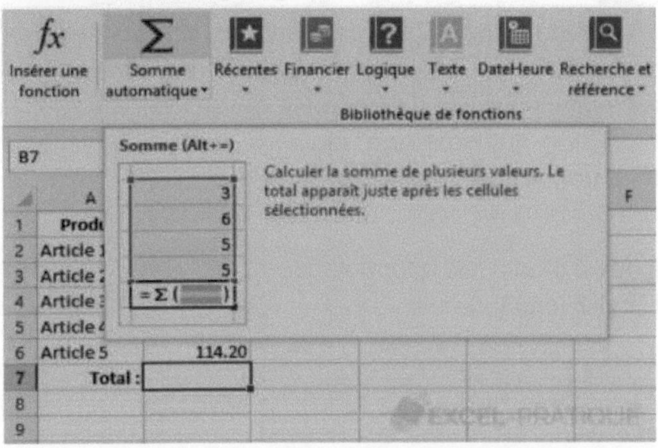

Uma lista de valores é pré-selecionada automaticamente.

Se estiver correto, prima Enter; se não estiver, faça outra seleção e prima Enter.

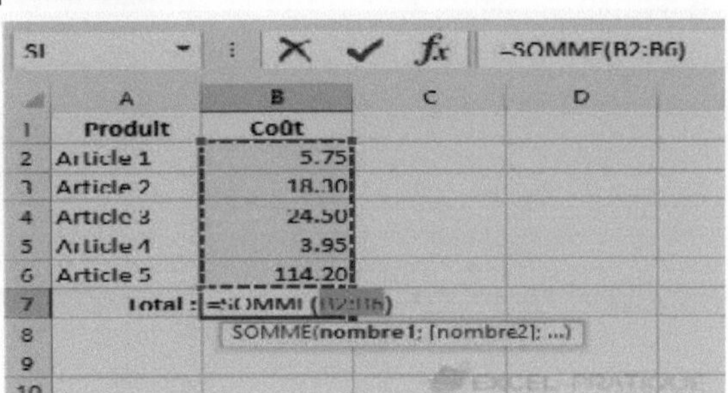

A soma é calculada :

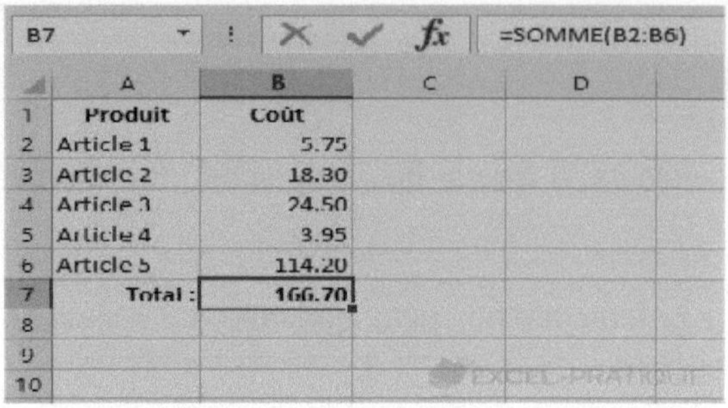

IV.2. FUNÇÃO MÉDIA

A função média é utilizada para calcular a média de um conjunto de valores numéricos. A média de um conjunto de valores numéricos é igual à soma desses valores dividida pelo número desses valores.

Suponhamos que temos 5 números que são a, b, c, d e e. A média desses números será, portanto, a:

$$\frac{a+b+c+d+e}{5}$$

No Excel, para calcular a média, eis a fórmula:

=MOYENNE(cell1 ;cell2 ;cell3...)

EXEMPLO

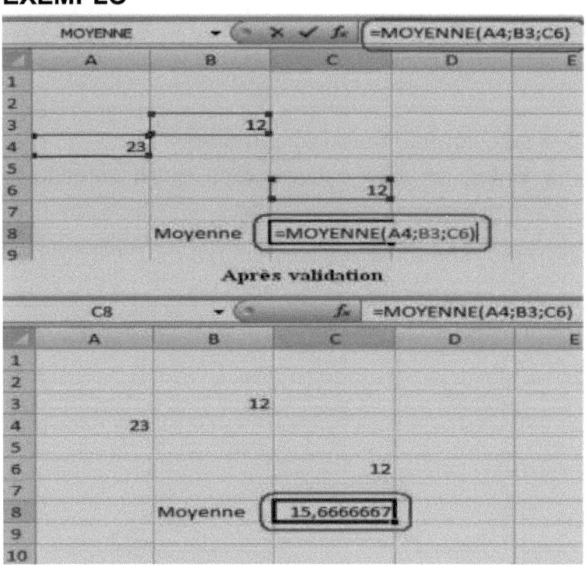

Se as células que contêm os números em que estamos a trabalhar estiverem alinhadas, a fórmula é

=MOYENNE (célula1:célula n). Por exemplo, se os números estiverem nas células A1, A2, A3, A4 e A5, a média pode ser calculada da seguinte forma: **=MOYENNE(A1:A5)**.

Se os números estiverem nas células A1, B1, C1, D1 e E1, a Média pode ser calculada:

=MEAN(A1:E1).

CAPÍTULO V

UTILIZAÇÃO DO OUTLOOK

V.1.DISCOVERING OUTLOOK

O Outlook é um cliente de correio eletrónico e um organizador da Microsoft e faz parte do pacote Microsoft Office. É utilizado principalmente como cliente de correio eletrónico, mas também inclui funções como calendário, gestor de contactos, gestor de tarefas, anotações, agenda e navegação na Web.[1]

V.2.DESCOBRIR O CALENDÁRIO

O calendário é o componente de planeamento do Outlook, totalmente integrado com o correio eletrónico, os contactos e outras funções.

O Calendário permite-lhe criar compromissos e eventos, organizar reuniões, apresentar horários de grupos e muito mais.[2]

V.3.CRIAR UM CALENDÁRIO

Para criar um calendário com o Outlook, siga estes passos :

1. No **Outlook**.com, selecione Calendário. > Adicionar um calendário > **Criar um calendário**.
2. Dê um nome ao seu calendário.
3. Personalize o seu calendário com uma cor, um amuleto ou ambos.
4. Opcional: adicione o seu calendário a um grupo de calendários existente.
5. Selecione Guardar.

V.4. CRIAR UM COMPROMISSO

Para criar um compromisso,

1. clicar na **data e hora da** marcação
2. clicar no ícone **Novo compromisso**

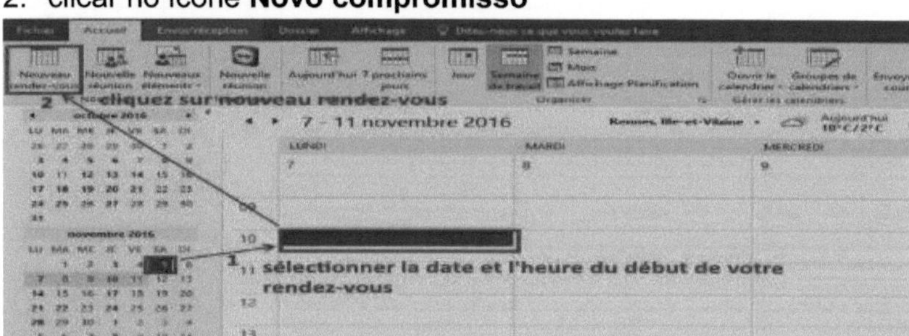

3. em seguida, preencha os campos do formulário, especificando :

a. **o objetivo da** reunião

---

[1] https://mspoweruser.com, consultado em 03/10/2023 às 4h9'.

[2] https://support.microsoft.com, consultado em 03/10/2023 às 4h20'.

b. **^'localização**
c. **data e hora de início e fim**
d. **tipo de visualização** no seu calendário: *ocupado, ausente...* (visível para todas as pessoas com quem partilha o seu calendário - *ocupado* significa que não quer ser incomodado durante este compromisso)
e. **lembrete de marcação**: significa que receberá uma mensagem de lembrete *15 minutos antes da hora marcada*
f. **classificar por categoria de cor** (vermelho, azul, ...) *campo facultativo*

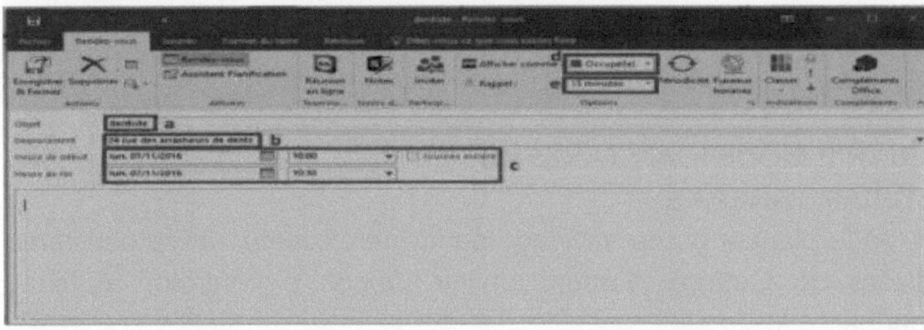

Por fim, conclua a criação clicando no ícone **Guardar e fechar**.
O Outlook permite-lhe **alterar o seu compromisso** diretamente com o **rato**:

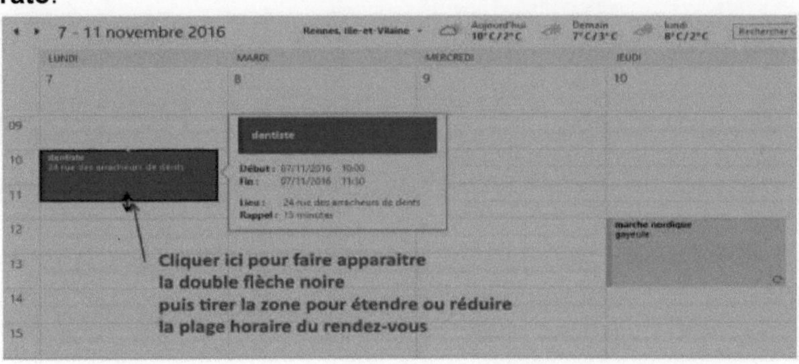

O Outlook permite-lhe **mover o seu compromisso** diretamente **com o rato**:

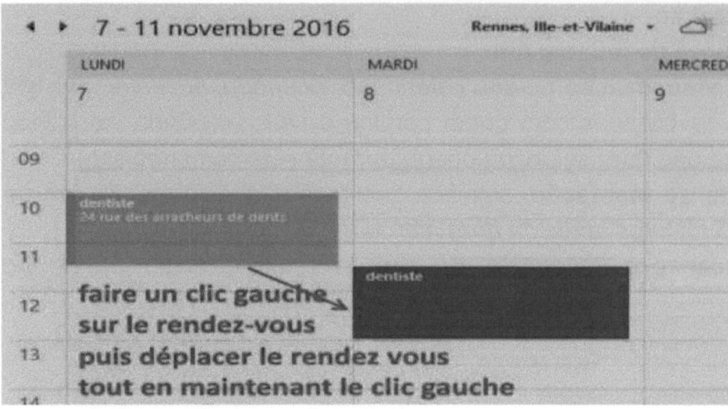

V.5.CRIAR E MODIFICAR TAREFAS

V.5.1.CRIAR TAREFAS

Se pretende planear a sua atividade de forma eficiente, utilize o sistema de tarefas do Outlook. Poderá definir prazos e controlar as suas actividades.

lNo **Outlook 2013 e 2010**, clique em *Novos itens* e, em seguida, em *Tarefa*.

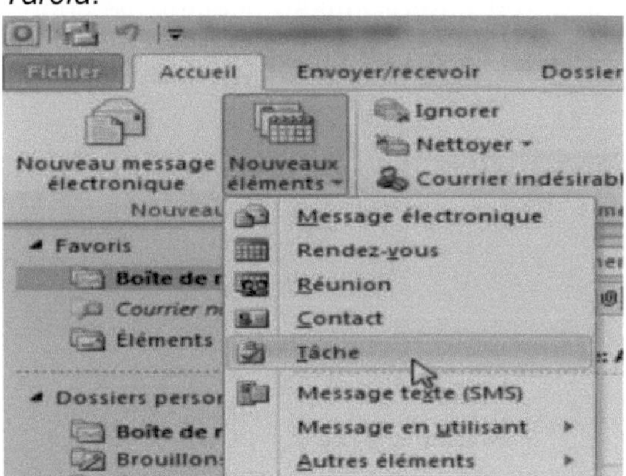

©**Noutras versões**, clique na pequena seta à direita do botão *Novo* na barra de ferramentas e, em seguida, selecione *Ponto*.

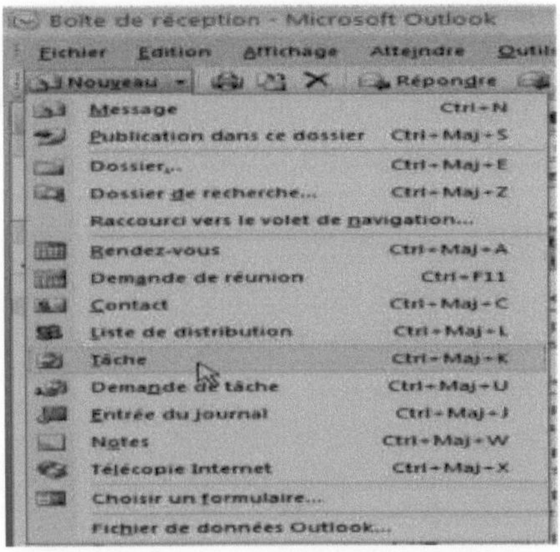

Na janela que se abre, escreva o nome da tarefa no campo *Assunto* e, em seguida, especifique a data de início (se necessário) e a data de vencimento.

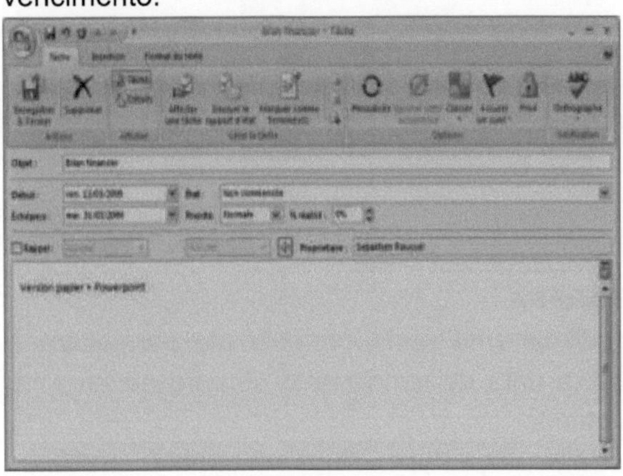

Também pode especificar o estado da tarefa (*Não iniciada, Em curso, Concluída, À espera de outra pessoa* ou *Adiada),* a prioridade (*Baixa, Normal* ou *Alta)* e, finalmente, a percentagem de conclusão.

Também pode escrever os detalhes na caixa na parte inferior da janela.

Opções:

. Nas versões mais recentes do Outlook, pode **classificar a sua tarefa** clicando no botão *Classificar* (no Outlok 2007) ou em *Categorias* (noutras versões).

• Ao assinalar a caixa *Lembrete*, pode pedir ao Outlook para o **lembrar da tarefa** numa data futura à sua escolha.

. Para **atribuir a tarefa a outra pessoa**, clique no botão *Atribuir uma* *tarefa* (ou *Atribuir uma tarefa*) e selecione os contactos relevantes no campo *a*.

- Ao clicar no botão ou separador *Detalhes*, pode **introduzir detalhes** do trabalho efectuado, tais como tempo de trabalho, quilometragem ou informações de faturação.

Por fim, clique no botão *Guardar e fechar* para concluir.

Para gerir as manchas

Para visualizar a lista de tarefas, abra o módulo *Tarefas* do Outlook: clique no ícone apropriado no painel de navegação.

Basta assinalar uma tarefa para indicar que esta foi concluída.

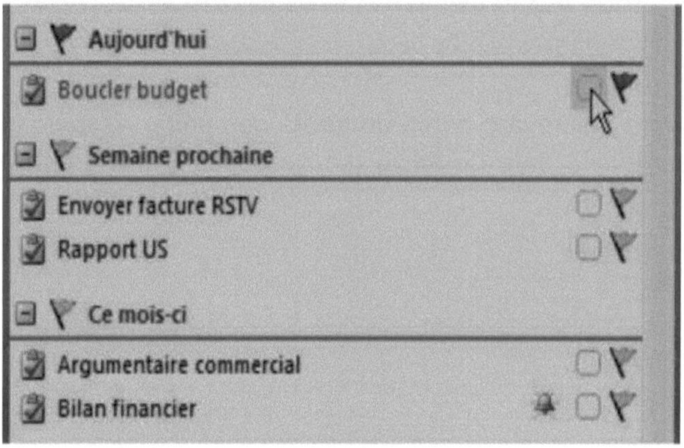

V.5.2.MODIFICAR UMA TAREFA

Por vezes é necessário modificar uma tarefa, por exemplo, para alterar a percentagem de conclusão, a data de vencimento ou para acrescentar notas sobre o trabalho efectuado.

1. No painel da lista de tarefas, faça duplo clique na tarefa a modificar. Esta ação abrirá a janela da tarefa.
2. Efetuar as alterações necessárias.
3. No separador **Página inicial**, **grupo Acções**, clique em **Guardar e fechar.**

V.6.ATRIBUIÇÃO DE TAREFAS

As tarefas ajudam-no a manter um registo das suas tarefas. Também pode atribuir tarefas a outras pessoas.

1. Na barra de navegação, clique em **Tarefas** e, em seguida, em **Nova tarefa** ou abra uma tarefa existente.

2. Clique **em Atribuir uma tarefa.**

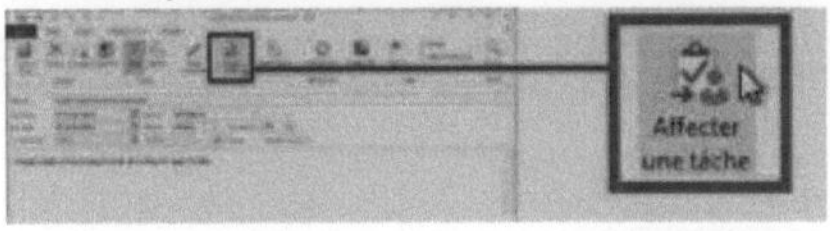

3. No campo **Para**, introduza um nome ou um endereço de correio eletrónico.
4. Introduzir **o assunto, a** data de início e a data de **expiração.**

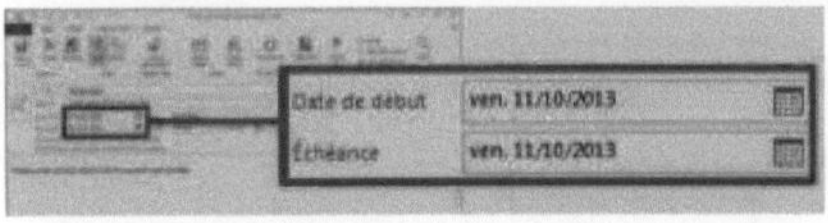

5. Se pretender que a tarefa se repita, clique em **Recorrência**, selecione as opções pretendidas e clique em **OK.**
6. Clique em **Enviar**.

Nota: Se atribuir uma tarefa periódica, uma cópia dessa tarefa permanece na sua lista de tarefas, mas nunca é actualizada. Se selecionar a caixa **Enviar relatório de estado** quando concluído, receberá relatórios de estado para cada instância concluída da tarefa.

V.7.PLANEAMENTO DE REUNIÕES PERIÓDICAS

Convide participantes para uma reunião com o Outlook. Assim, terá a certeza de que todos serão contactados sem perder tempo a falar para o voicemail!

O participante responde e a reunião é automaticamente adicionada ao seu calendário. Se ele a apagar, será informado.

Se alterar alguma informação, por exemplo, a localização da reunião, o Outlook lembrar-se-á da sua lista de participantes e todos terão a informação. Assim, não se esquecerá de ninguém.

Precisa de realizar as suas reuniões às terças-feiras durante as próximas 3 semanas? Utilize a periodicidade.

Se quiser ser o mais eficiente possível, crie uma lista de distribuição para cada comissão e utilize-a quando convocar a reunião.

V.7.1.PROCEDIMENTO DE ENVIO DE UM PEDIDO DE REUNIÃO

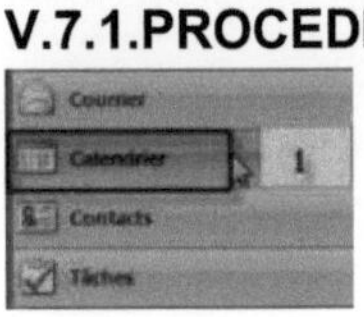

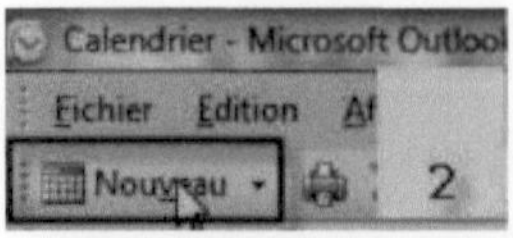

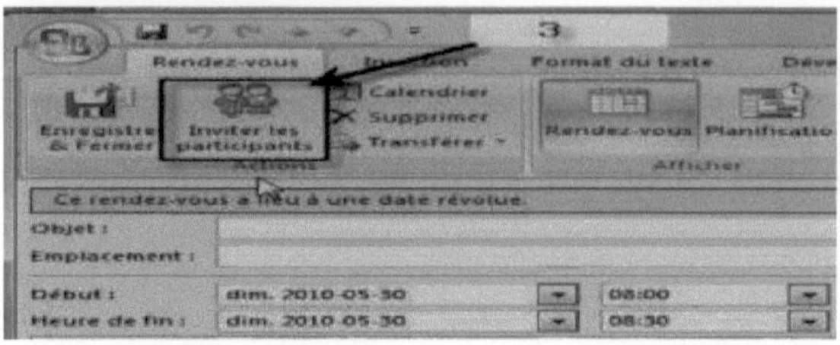

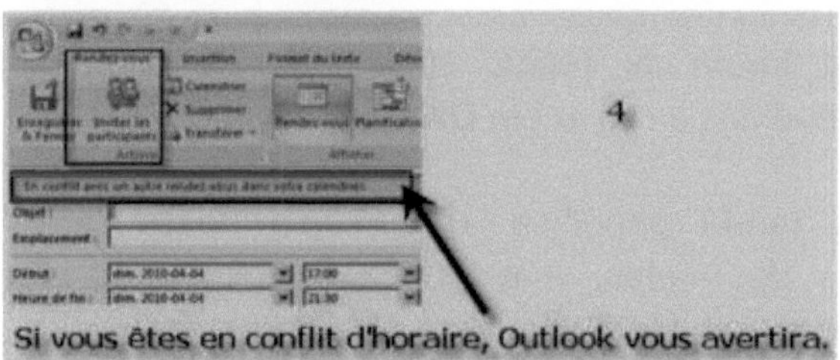

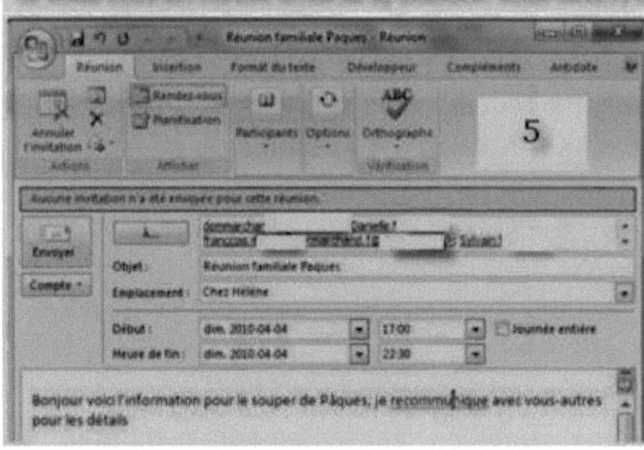

Preencher as informações. Para a **secção A**: criar e utilizar uma lista de distribuição.

Verificar respostas:

. Pedir uma resposta ;

. Permitir novas propostas de horários. Se tiver um grupo com vários participantes, evite assinalar esta opção.

Acompanhamento da reunião pelo organizador

Exemplo de resposta de um participante

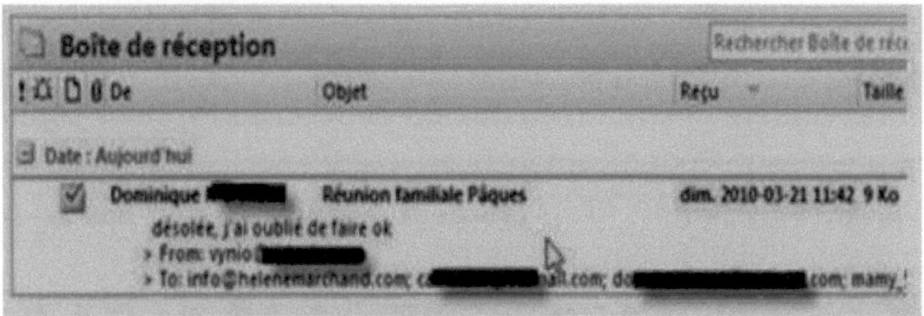

V.7.2.EXEMPLO DE CONFIRMAÇÃO DE PARTICIPANTE

Clique no ícone **da agenda** para adicionar ou remover participantes. Utilize uma marca de verificação para especificar os participantes que irão receber as informações quando as alterações forem efectuadas.

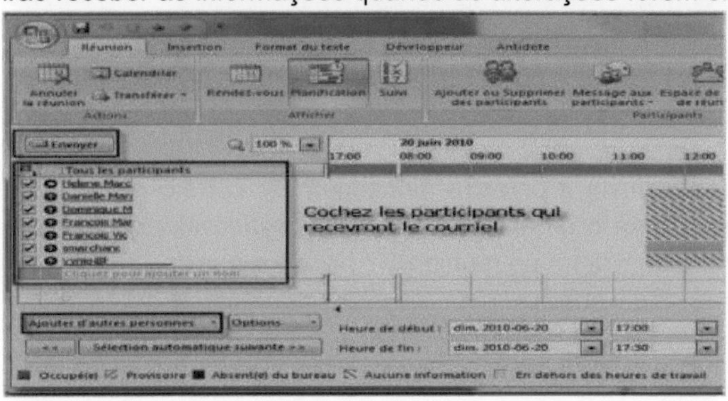

Clique no ícone **da agenda** para adicionar ou remover participantes. Utilize uma marca de verificação para especificar os participantes que irão receber as informações quando as alterações forem efectuadas.

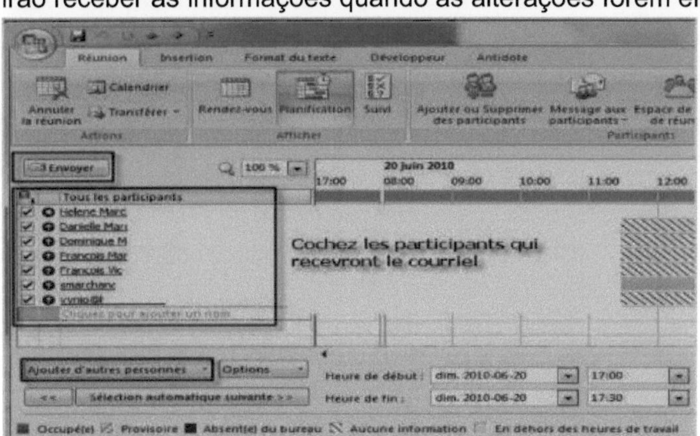

V.7.3.EFECTUAR ALTERAÇÕES A UMA REUNIÃO E ENVIAR UMA ACTUALIZAÇÃO

Os organizadores podem alterar o seu pedido de reunião fazendo duplo clique no compromisso. Podem então fazer correcções e enviar uma atualização utilizando o botão apropriado. O Outlook pedir-lhe-á que confirme para quem pretende enviar a atualização.

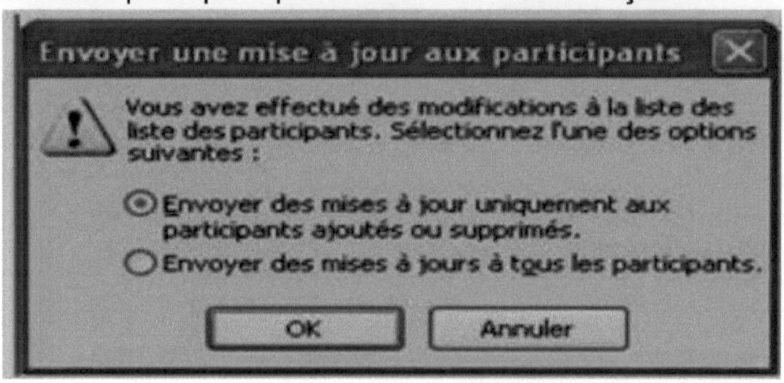

NB: A pessoa que envia a primeira mensagem de correio eletrónico a solicitar uma reunião é o organizador. Se for o organizador da reunião, continua a ser o organizador da reunião.

Um participante que declina uma reunião permanece na lista de participantes.

CAPÍTULO VI

PROCESSAMENTO DE DOCUMENTOS DO WORD

EXERCÍCIOS

CAPÍTULO VI

PROCESSAMENTO DE DOCUMENTOS DO WORD

EXERCÍCIOS

CAPÍTULO VII

UTILIZAR A IMPRESSORA

VII.1.INSTALAÇÃO DA IMPRESSORA

1) **Leia atentamente** as **instruções** da sua impressora. Não existem duas impressoras iguais e há muitos modelos diferentes. Por isso, antes de ler o que se segue, consulte o manual de instalação fornecido pelo fabricante. No sítio Web do fabricante, encontrará provavelmente uma ligação para descarregar o manual específico da sua impressora em formato PDF.

2) **Ligar a impressora ao computador.** Nota: deve ligar a impressora a uma porta USB do computador e não a uma porta USB de um router.

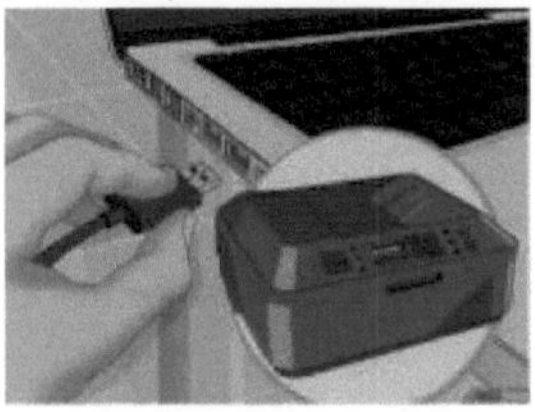

o Não esquecer não claro, de ligar a sua impressora a uma tomada
elétrico!

3) **Ligar a impressora.** Deverá ouvir um pequeno ruído quando ligado e ver as luzes indicadoras acenderem-se.

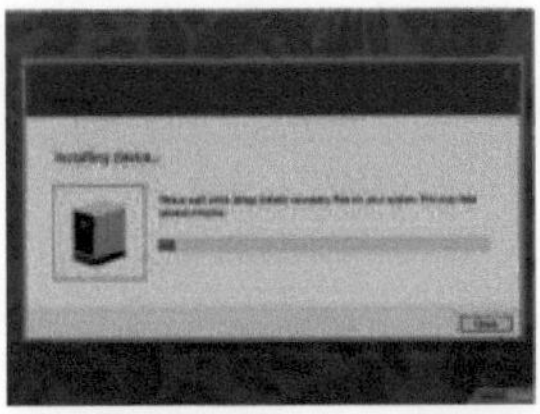

4) **Aguardar o arranque.** O sistema operativo detecta assim que uma impressora é ligada. Atualmente, as versões recentes do Windows e do OS X têm os controladores mais recentes instalados desde o início. Se não for esse o caso, o sistema irá procurar os controladores, o que requer uma ligação à Internet. As coisas evoluíram muito nos últimos anos. Mas nem toda a gente tem o computador mais recente, a impressora mais recente ou a versão mais recente do Windows ou OS X. Se for esse o seu caso, o seguinte deve ser do seu interesse.

5) **Instalar o software vendido com a impressora.** O CD-ROM fornecido com a impressora contém tudo o que é necessário para o seu correto funcionamento. Existem mesmo programas que permitem tirar partido de algumas funcionalidades específicas da impressora. Se a impressora não for reconhecida automaticamente pelo sistema operativo e se já não tiver o CD-ROM de instalação, passe diretamente à etapa seguinte.

o Se vir que a impressora se configura a si própria, não precisa de fazer nada de especial, para além de esperar que as definições terminem. Não precisa de adicionar nada.

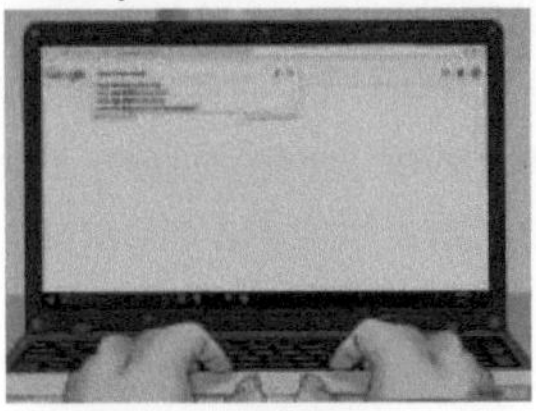

6) **Descarregue os controladores a partir do sítio Web do fabricante.** Se não tiver um código de instalação ou se a impressora não se instalar automaticamente, vá ao sítio Web do fabricante para

obter os controladores adequados. Necessitará do número exato da peça da sua impressora: está impresso num dos lados da máquina.
NB: Para encontrar os controladores para a sua impressora, vá ao seu motor de busca preferido (Google, por exemplo) e escreva uma consulta como "controladores de impressora *fabricante modelo*".

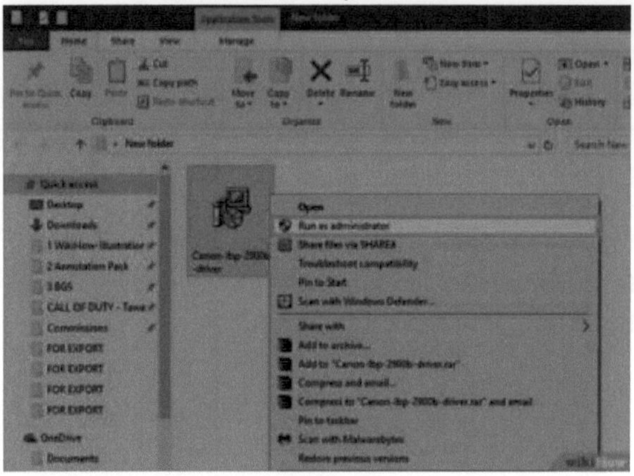

7) **Instalar os controladores.** Depois de descarregar e reiniciar o computador, deverá ser possível imprimir a partir de qualquer software que permita a impressão de documentos.

VII.2.UTILIZAR A IMPRESSORA

1) Utilizar uma impressora, mesmo uma impressora básica, é extremamente fácil. Existem muitos modelos de impressoras à escolha. Tem a base para a sua impressora multifunções. A impressora multifunções funciona de forma muito semelhante a uma impressora normal, apenas tem muito mais botões para premir.

2) Certifique-se de que a impressora está ligada corretamente antes de a utilizar.

3) Abra a página que pretende imprimir. Se estiver na Internet e quiser imprimir algo a partir daí. Tudo o que tem de fazer é ir até ao menu suspenso e depois até à configuração da página. Isto dar-lhe-á mais opções de impressão para escolher. Quando tiver terminado de configurar a página, pode verificar se tem a impressora correta clicando em "Printer" (Impressora) na parte inferior. Quando tudo estiver correto, clique em "OK" e a sua página deve ser impressa.

4) Abra um ficheiro . Doc" se é aí que está a página que precisa de imprimir. Quando estiver pronto para imprimir, vá a "Ficheiro" e "Configurar impressão". Mais uma vez, pode escolher o aspeto que

pretende para a sua página e verificar se a impressora está configurada corretamente. Se a página estiver configurada da forma pretendida, basta clicar no ícone da impressora na barra de ferramentas ou ir a "Ficheiro" e depois a "Imprimir".

5) A utilização prolongada de uma impressora começa a desgastar a tinta. Alguns modelos de impressoras avisam-no quando o tinteiro está a acabar. Se tiver uma impressora maior, terá de ver o aspeto da página impressa. Se estiver muito gasta e desbotada, então é altura de instalar um novo tinteiro.

CAPÍTULO VIII

REPRESENTAÇÃO DE DADOS

V   III.1.INFORMAÇÃO DIGITAL

[3]A informação digital é uma **informação quantificada e amostrada**, por oposição à informação "analógica", que é uma informação "em bruto" que não foi quantificada nem amostrada .

V   III.2.SISTEMAS DE NUMERAÇÃO

V   III.2.1.SISTEMA DECIMAL

Este é o sistema de numeração utilizado no quotidiano. Neste sistema, qualquer número N é expresso com dez algarismos: 0, 1, 2, ..., 9. Diz-se então que a base do número é B=10.

Exemplo:

O número 1356,724 corresponde a :

$$1356{,}724=1000+300+50+6+0.7+0.02+0.004$$

$$1356{,}724=10^3+3*10^2+5*10^1+6*10^0+7*10^{-1}+2*10^{-2}+4*10^{-3}$$

Alors: $(1356{,}724)_{10}=1*B^3+3*B^2+5*B^1+6*B^0+7*B^{-1}+2*B^{-2}+4*B^{-3}$

avec B=10.

V   III.2.2.SISTEMA BINÁRIO

Neste sistema de numeração, todos os números são expressos usando os dígitos 0 e 1, estes dois dígitos são chamados bits (contração de nary digi).BIT

Para o sistema binário, a base numérica é B=2. Os coeficientes

$a_i : 0, B-1 \rightarrow 0,1$

Esta base é muito útil em eletrónica digital para distinguir entre dois estados lógicos. Escrevemos :

$$(a_n a_{n-1} \dots a_0)_2=a_n 2^n+a_{n-1} 2^{n-1}+\dots+a_1 2^1+a_0 2^0$$

O lado direito da equação dá o valor decimal do número binário escrito à esquerda.

- a_0 : Le bit le plus à droite est le bit de poids le plus faible ou bien le moins significatif (*LSB : Low S ignificant Bit*).
- a_n : Le bit le plus à gauche est le bit de poids le plus fort ou bien le plus significatif (*MSB : Most S ignificant Bit*)

Exemplo

$$(1011{,}01)_2=1*2^3+0*2^2+1*2^1+1*2^0+0*2^{-1}+1*2^{-2}$$

A transição do sistema binário para o sistema decimal é designada por descodificação e a transição do sistema decimal para o sistema binário é designada por codificação:

---

[3] https://www.techno-science.net, consultado em 04/10/2023 às 09:53

A passagem do sistema X para o sistema Y é designada por **Transcodificação**.

VIII.2.3.CONVERSÃO DE BINÁRIO PARA DECIMAL

Para converter um número binário em decimal, basta utilizar a relação (2), onde B=2 :

$$(N)_{10}=a_n B^n + a_{n-1} B^{n-1} + \dots + a_1 B^1 + a_0 + a_{-1} B^{-1} + \dots a_{-m} B^{-m}$$

$$(N)_{10}=a_n 2^n + a_{n-1} 2^{n-1} + \dots + a_1 2^1 + a_0 + a_{-1} 2^{-1} + \dots a_{-m} 2^{-m}$$

Exemplo:

a) Converter o número binário $(11010)_2$ em decimal

$$(11010)_2 = 1*2^4+1*2^3+0*2^2+1*2^1+0*2^0$$

$$(11010)_2 = 16+8+2$$

$$(11010)_2 = (26)_{10}$$

$$(110001{,}001)_2 = 1*2^5+1*2^4+0*2^3+0*2^2+0*2^1+1*2^0+0*2^{-1}+0*2^{-2}+1*2^{-3}$$

$$(110001{,}001)_2 = 32+16+1+0.125$$

$$(110001{,}001)_2 = (49.125)_{10}$$

b) Que valor decimal corresponde ao valor binário 110001?

Selecione uma resposta:

- 86
- 49
- 32

VIII.2.4.MÉTODO DAS DIVISÕES SUCESSIVAS

O método das divisões sucessivas consiste em dividir sucessivamente por 2 o número decimal a converter até que o resultado da divisão seja um zero. O número binário correspondente será a sucessão de restos obtidos. O bit mais significativo deste número é o resto da última divisão.

Exemplo:

$(27)_{10}=(11011)_2$

27 : 2 =	13 : 2 =	6 : 2 =	3 : 2 =	1 : 2 = 0
1	1	0	1	1

←

le reste de la dernière division sera écrit le premier (sens de lecture).

V III.2.5. MÉTODO DAS SUBTRACÇÕES SUCESSIVAS

Para utilizar este método, começa-se por determinar os valores sucessivos de 2^i (i=0,...,n), depois determina-se entre que valores sucessivos de 2^i se encontra o número a converter. O limite inferior é então subtraído ao número. Procede-se da mesma forma com o resto obtido, até se obter zero como resto da subtração.

O valor binário será 1 na posição do peso utilizado na subtração e 0 na posição dos pesos não utilizados.

EXEMPLO

Utilizando o método das subtracções sucessivas, converter o número decimal $(230)_{10}$ em binário :

De	230	On peut retirer	128	reste	102	1
De	102	On peut retirer	64	reste	38	1
De	38	On peut retirer	32	reste	6	1
De	6	On ne peut pas retirer	16	reste	6	0
De	6	On ne peut pas retirer	8	reste	6	0
De	6	On peut retirer	4	reste	2	1
De	2	On peut retirer	2	reste	0	1
De	0	On ne peut pas retirer	1	reste	0	0

Sens de lecture

Le résultat est donc : $(230)_{10} = (11100110)_2$

V III.2.6.SISTEMA OCTAL

O sistema octal ou base 8 tem oito algarismos: 0, 1, 2, 3, 4, 5, 6, 7. Os algarismos 8 e 9 não existem nesta base (B=8) Exemplo :

Vamos escrever os números 45278 e 1274.6328 :

$$(4527)_8 = 4*8^3 + 5*8^2 + 2*8^1 + 7*8^0$$

$$(1274.632)_8 = 1*8^3 + 2*8^2 + 7*8^1 + 4*8^0 + 6*8^{-1} + 3*8^{-2} + 2*8^{-3}$$

V III.2.7.SISTEMA HEXADECIMAL

A utilização da base B =16 é o resultado do desenvolvimento dos microcomputadores. Os símbolos utilizados nesta base são os dez algarismos de 0 a 9 completados pelas letras A (para 10), B (para 11), C (para 12), D (para 13), E (para 14) e F (para 15).

Exemplos:

$$(4210)_{16} = 4*16^3 + 2*16^2 + 1*16^1 + 0*16^0$$

$$(2A4E)_{16} = 2*16^3 + 10*16^2 + 4*16^1 + 14*16^0$$

$$(C1B.D5)_{16} = 12*16^2 + 1*16^1 + 11*16^0 + 13*16^{-1} + 5*16^{-2}$$

Exercício

Converter os seguintes números binários em hexadecimal: 1101, 10100111 e 01001011.

Que valor binário corresponde ao valor hexadecimal 8E5?

Escolha uma resposta

- 1100 1110 0010
- 1111 0101 0101
- 1000 1110 0101
- 1000 0110 1010

VIII.2.8.ARITMÉTICA DOS SISTEMAS DE NUMERAÇÃO

As operações aritméticas são efectuadas em qualquer base B utilizando os mesmos métodos que na base 10. Aparece um transporte quando o valor da base B é atingido ou ultrapassado.

> Aditamento

Tudo o que precisa de saber é que :

0+0=0

0+1=1

1+0=1

1+1=0 Manutenção 1

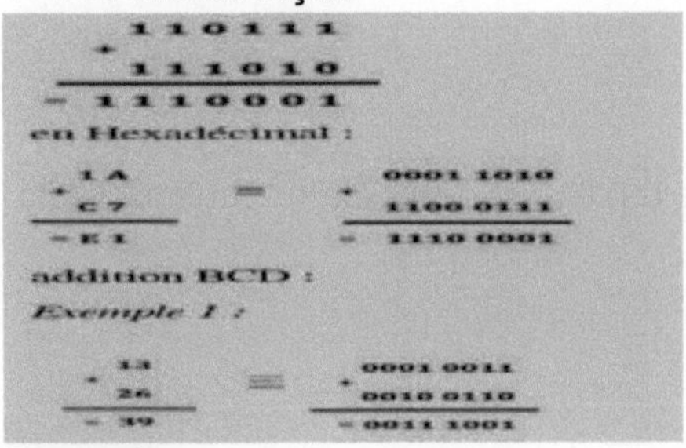

Exemplo:

Adição BCD :

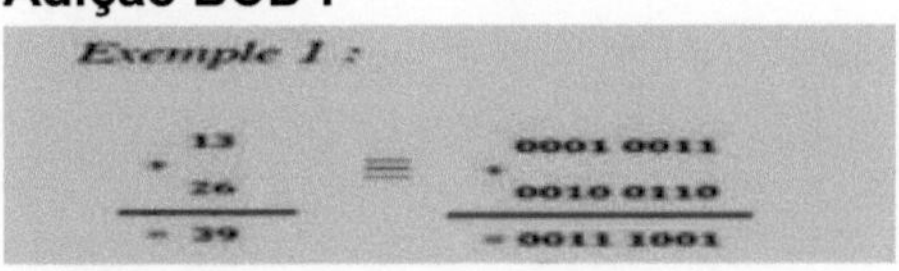

Exemplo 2

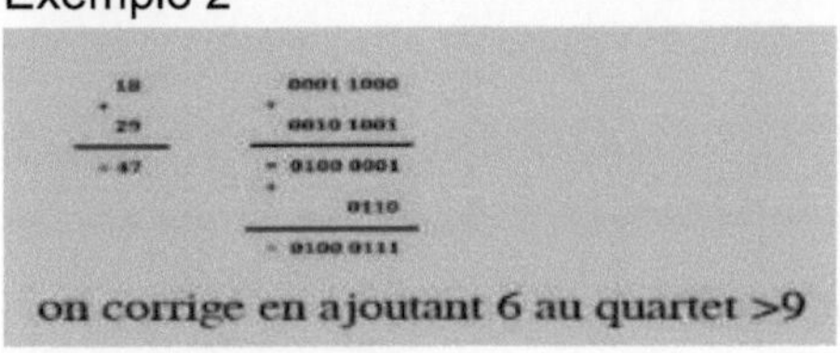

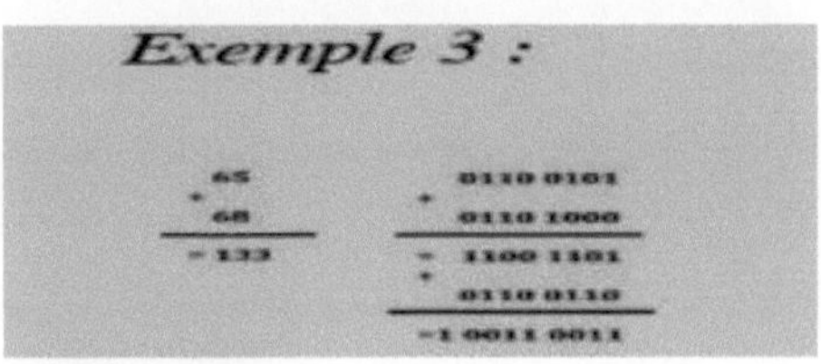

> Subtração

Tudo o que precisa de saber é que :

0-0=0

0-1=1 Relatório 1

1-0=1 1-1=0

Exemplo:

10-9=+1

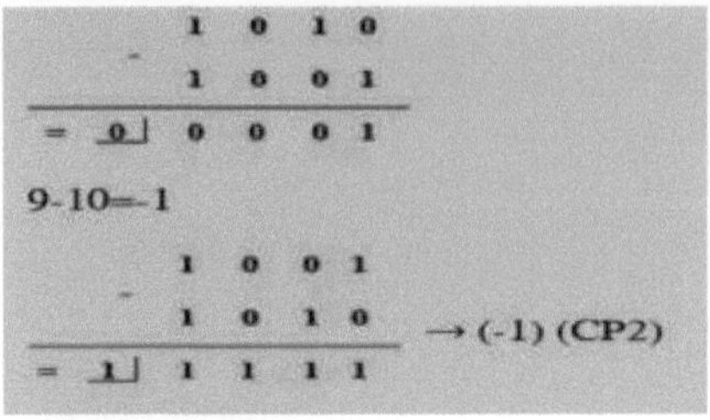

> Multiplicação

A multiplicação em binário é muito simples, eis a tabela de multiplicação:

0x0=0 0x1=0

1x0=0 1x1=1

Exemplo 1:

6x7=42

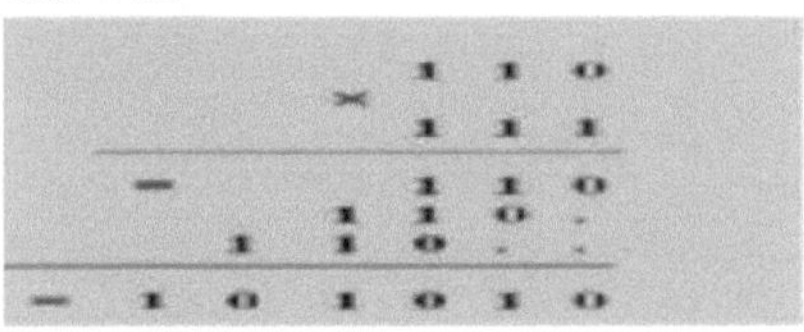

Exemplo 2

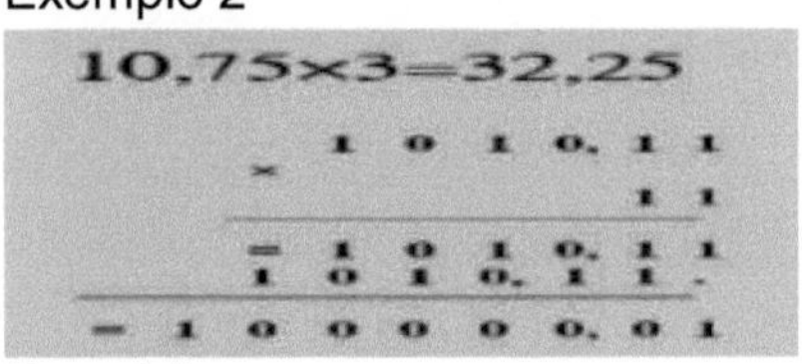

Exercício

Qual é o resultado da seguinte multiplicação em binário :

1010*101

Selecione uma resposta:

- o 110010
- o 110001
- o 001101

> Divisão

O princípio da divisão binária é semelhante ao da divisão decimal, mas mais simples, na medida em que cada quociente parcial é igual a 1 (divisão possível) ou a 0 (divisão impossível). A divisão é a operação inversa da multiplicação, na medida em que um número é repetidamente subtraído de outro até deixar de ser possível, com um deslocamento para a direita de cada vez.

O primeiro passo é subtrair o divisor ao dividendo, começando pela esquerda. Se a subtração não for possível, o divisor é deslocado uma posição para a direita e, em seguida, a subtração é efectuada. A subtração seguinte tem lugar entre o resultado da subtração anterior, aumentado para a direita do bit seguinte do dividendo, de acordo com a regra indicada anteriormente. Este passo é repetido até que todos os bits do dividendo tenham sido utilizados. Para cada subtração, o resultado é escrito como 1, caso contrário é escrito como 0.

Exemplo:

Efetuar a seguinte divisão:

42/7=6

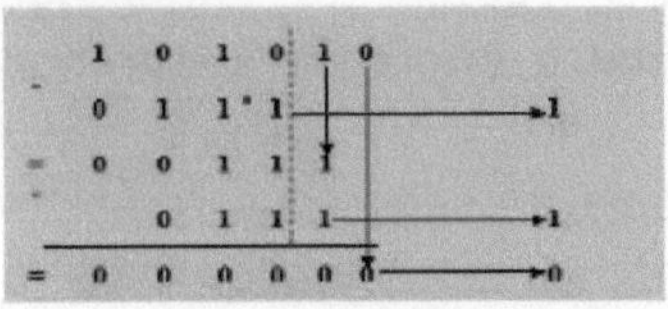

O resultado é portanto 110 com resto=0 (6 e resto=0)

CAPÍTULO IX

FAZER CÓPIAS DE SEGURANÇA DOS DADOS DO COMPUTADOR

IX.1. CONCEITOS DE BASE

De um modo geral, uma cópia de segurança é uma cópia de dados que pode ser utilizada para restaurar o original após uma perda de dados. O objetivo da criação de uma cópia de segurança é proteger ficheiros importantes contra a perda devido a falha de hardware, corrupção de software, eliminação acidental ou outros desastres imprevistos.

Existem três tipos de cópia de segurança: **cópia de segurança completa**, **cópia de segurança incremental** e **cópia de segurança diferencial**.

1) **Cópia** de segurança completa: Uma cópia de segurança completa copia todos os ficheiros das pastas/diretórios selecionados para o destino especificado. As cópias de segurança completas são geralmente efectuadas com menos frequência do que outros tipos de cópia de segurança, porque requerem mais tempo e espaço de armazenamento. Se tiver grandes quantidades de dados para fazer cópias de segurança, poderá considerar a utilização de um disco rígido externo ou outro dispositivo de armazenamento amovível.

2) **Backup incremental**: Um backup incremental copia apenas os ficheiros que foram alterados desde o último backup (completo ou incremental). Os backups incrementais são geralmente efectuados com maior frequência do que os backups completos e requerem menos tempo e espaço de armazenamento.

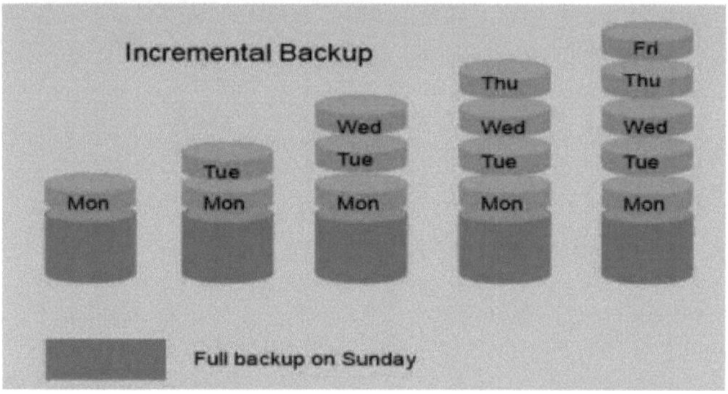

3) **Backup diferencial**: Um backup diferencial copia apenas os ficheiros que foram modificados desde o último backup completo. Os backups diferenciais são geralmente executados com menos frequência

do que os backups incrementais, mas com mais frequência do que os backups completos. Eles exigem mais tempo do que os backups incrementais, mas menos espaço de armazenamento.

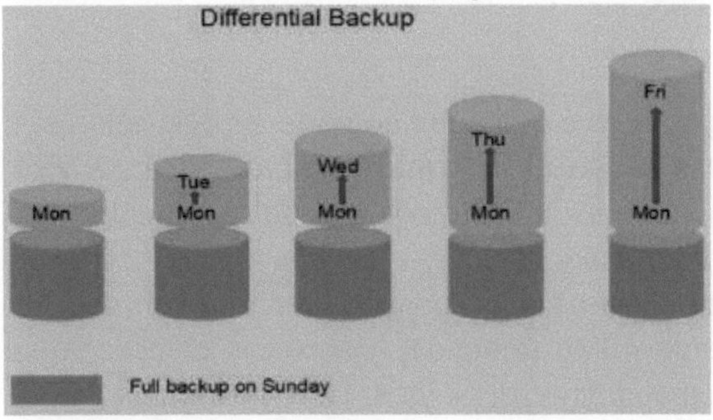

IX.2.UNIDADE DE MEDIDA E SEUS MÚLTIPLOS

No início era o bit. O bit é a unidade de medida mais pequena da informação digital. Só pode conter dois valores: 0 ou 1. Muito semelhante à eletrónica subjacente, corresponde a uma tensão ou ausência de tensão nos transístores.

Os seres humanos utilizam principalmente a base 10 porque têm dez dedos, o que lhes facilita a contagem nesta base. Na computação, a base dois - binária - foi escolhida porque corresponde à eletrónica utilizada na computação. De facto, bit é a contração **de Binary digIT (dígito binário**). É simbolizado por um "b" minúsculo.

Embora o bit seja a unidade básica em computação, a sua pequena capacidade - só pode conter 2 valores - significa que não pode representar uma quantidade significativa de dados por si só. São obviamente necessários vários bits para representar um valor significativo.

Por exemplo, nos primórdios da computação, a maioria das plataformas utilizava 7 e depois 8 bits para codificar caracteres alfabéticos (mais números e pontuação) - *pode consultar os comentários para mais pormenores*. Decidiu-se, portanto, que os grupos de 8 bits seriam mais adequados para representar a menor quantidade de informação significativa - neste caso, um único carácter.

E assim, no dia 8, nasceu o byte. Um byte é simplesmente um grupo de 8 bits e representa a quantidade mais pequena de informação com que os componentes e periféricos do computador (RAM, discos rígidos, etc.) trabalham.

O byte é, portanto, a unidade com que mais nos confrontamos quando se trata de descrever o tamanho ou a capacidade da informação digital. Um byte pode representar 2^8, ou seja, 256 valores, de 0 a 255 em valores decimais. O símbolo do byte é o "B" maiúsculo, ou o "o" de octeto em França.

Múltiplos

A unidade de valor mais pequena é o bit, que só pode ter dois valores, o que impossibilita a representação de informação significativa. O byte, que é um grupo de 8 bits, pode ter 256 valores e pode representar uma pequena quantidade de informação.

Não há confusão possível entre os dois, porque uma imagem de 5Mb (megabyte) é imediatamente 40Mb (megabit). As coisas complicam-se quando se fala em quilos, megabytes, gigabytes, terabytes e muito mais. De facto, o sistema internacional (SI) define cada um destes prefixos como valendo 1000 vezes o anterior. Assim, no sistema métrico, 1km é igual a 1000m e assim por diante.

Em computação, por outro lado, como a base é a base 2, os múltiplos devem ser múltiplos de 2, ou seja, 1024 (2^{10}) e não 1000.

Como esta aplicação de prefixos não era compatível com o SI, existiam duas normas: os prefixos SI (decimais) e os prefixos IEC (binários).

Para diferenciar as duas normas, cada uma tem a sua própria notação.

Decimal			**Binário**		
Valor	**Prefixo SI**		**Valor**	**Prefixo IEC**	
1000	k	quilo	1024	Ki	Kibi
1000^2	M	mega	10242	Mi	Mebi
10003	G	giga	10243	Gi	Gibi
10004	T	tera	10244	Ti	Tebi
10005	P	peta	10245	Pi	Pebi
1000^6	E	exa	1024^6	Ei	Exbi
1000^7	Z	zeta	1024^7	Zi	Zebi
1000^8	Y	yotta	1024^8	Yi	Yobi

É por isso que, quando se compra um disco rígido de 500GB (ou Go), este tem *apenas* 467GiB quando o ligamos ao Windows. Isto deve-se ao facto de o Windows optar por apresentar as quantidades de acordo com a norma IEC, enquanto os fabricantes de discos rígidos seguem a convenção SI para os prefixos.

No entanto, nem todos os sistemas operativos expressam as quantidades de acordo com a norma IEC. O MacOs, por exemplo, desde a versão 10.6, apresenta os tamanhos dos ficheiros, pastas e periféricos com os prefixos decimais (SI). Num Mac, um disco de 500 GB é 500 GB.

DOMÍNIOS DE APLICAÇÃO

Enquanto na maioria dos casos (tamanho do suporte de armazenamento, velocidade de transferência, etc.) prevalecem os prefixos SI, o tamanho da memória (cache e RAM) é sempre expresso como um valor binário. Por exemplo, pode comprar 1024 ou 2048MB de RAM. Esta situação é menos comum atualmente, uma vez que os sistemas estão equipados com grandes quantidades de RAM, pelo que falamos em Giga sem qualquer precisão adicional. Ex: "Tenho 16GB de RAM no meu PC".

Desde o início, falámos quase exclusivamente em termos de bytes. Esta é a quantidade mais pequena de informação com que os periféricos trabalham. No entanto, há um domínio em que os bits são utilizados com mais frequência do que os bytes: quando falamos de velocidade de transferência.

Assim, quando descarrega a 10Mb/s ou 10Mbps (note-se o "b" minúsculo). Está, portanto, a descarregar a uma velocidade de 1,25Mb/s. Não se deixe enganar!

É tudo o que há para fazer. Não confundas bit e byte, um vale 8 vezes mais do que o outro. E é preciso ter cuidado ao escolher entre notação decimal e binária. Especialmente porque muitos softwares mostram MB quando na realidade são MiB.

Para obter um equivalente arredondado, multiplique ou divida (dependendo da direção) por 1,05 para mega e 1,07 para giga. 500GB = 500/1,07 = 467,3GiB, que é o valor que utilizámos no exemplo do disco rígido.

IX.3.SAÍDA EM APOIO

IX.3.1.DISCO RÍGIDO EXTERNO[4]

Um disco rígido externo é um espaço de armazenamento extra que lhe permite **guardar os seus ficheiros, fazer** cópias de segurança e mantê-los seguros. Para garantir que não perde nenhum dos seus

[4] https://www.inmac-wstore.com, consultado em 05/10/2023 às 13h23".

dados ou ficheiros multimédia no seu computador portátil ou de secretária, lembre-se de fazer regularmente cópias de segurança num disco rígido externo.

IX.3.1.1.FUNCIONAMENTO DE UM DISCO RÍGIDO EXTERNO

Uma descrição simplificada de um disco rígido externo pode ser mais ou menos assim: é uma pen USB gigante. Ligado a uma porta USB do seu computador, o disco rígido externo funciona em paralelo com o seu disco rígido interno principal.

O **disco rígido externo** é instalado numa caixa de disco rígido ligada ao computador. É constituído por vários discos de cerâmica ou de metal, que funcionam uns sobre os outros.

Os electroímanes, ou cabeças de leitura/escrita, transmitem ou recebem dados deslocando-se lateralmente. Através de um conversor, transformam a linguagem do computador num campo magnético positivo ou negativo que polariza a superfície do disco numa área definida. As cabeças são assim levantadas e baixadas num ponto preciso do disco, num movimento de rotação ultrarrápido.

Quando a leitura ou a escrita estiver concluída, as cabeças deslocam-se para uma posição segura para evitar danos e proteger os dados armazenados.

Existem agora discos SSD externos totalmente electrónicos que, embora mais rápidos, ainda não são capazes de armazenar grandes quantidades de dados.

IX.3.2.CHAVE USB

Uma **unidade flash USB** é um pequeno suporte amovível que se liga à porta USB de um computador ou, mais recentemente, de certos sistemas de alta-fidelidade, leitores de DVD, auto-rádios, cassetes de rádio, televisores, etc. Uma unidade flash USB contém uma memória flash ou um mini disco rígido. Como não tem partes mecânicas, é muito resistente aos choques.

DESCRIÇÃO E FUNCIONAMENTO

As chaves USB são alimentadas pela porta USB à qual estão ligadas e, ao contrário das disquetes, dos CDs ou dos DVDs, são impermeáveis ao pó e aos riscos, o que constitui uma vantagem em termos de fiabilidade. Em 2008, as chaves disponíveis no mercado são de formato USB 2.0. As chaves USB são relativamente normalizadas, mas algumas não são compatíveis com certos sistemas operativos, exigindo a instalação de um controlador.

CARACTERÍSTICAS

A unidade flash USB tem uma série de caraterísticas, que são descritas abaixo.

■ **Tempo de vida**

O tempo de vida (ou MTBF) da própria chave não é especificado e pode falhar após alguns meses ou alguns anos, levando à perda parcial ou total dos dados.

Os fabricantes afirmam que os dados serão conservados durante pelo menos dez anos, se não muito mais. A Computerworld é mais cautelosa e chama a atenção para as principais diferenças entre os vários modelos no seu artigo *Nem todas as unidades USB são criadas iguais.*

A razão para isso é que a carga eléctrica armazenada que representa a informação não está perfeitamente isolada e pode, portanto, desaparecer após um certo período de tempo, antes do qual deve ser reescrita para garantir que os dados são mantidos; a qualidade do isolamento determinará, portanto, o tempo de retenção.

Não confundir este período de retenção com a vida útil da chave, que pode avariar ou perder dados muito antes disso.

A perda de dados pode então ser causada por :

- retenção de dados limitada, graças à memória Flash ;
- uma avaria da chave, como qualquer outra peça de equipamento;
- um problema de software no sistema operativo;
- um erro de manipulação do software por parte do utilizador;
- um erro de manuseamento do material; não é indestrutível, embora seja mais resistente do que outros suportes de armazenamento.

- Desempenho

O desempenho depende muito da conceção do modelo, incluindo a escolha dos componentes, da arquitetura e do controlador de memória. Técnicas como a amplificação de escrita afectam o desempenho. O desempenho também pode variar consoante o sistema operativo ou o hardware em que é utilizado.

A velocidade dos dados varia, portanto, para a leitura e para a escrita, e depende também do número de ficheiros copiados e da forma como o conteúdo da chave está organizado. Assim, podemos ter velocidades de alguns MB/s a várias dezenas de MB/s, que podem diminuir quando se transfere um grande número de pequenos ficheiros.

■ **Ergonomia**

Existem vários critérios para melhorar a ergonomia da chave: presença e posicionamento da luz indicadora de atividade, sistema de proteção do conetor (tampa rotativa ou retrátil, conetor retrátil), acessórios fornecidos (correia de mão, colar ou corrente, cabo de extensão USB), software portátil (função de encriptação, sincronização de dados, importação de correio eletrónico, pacote de software), design da caixa, etc.

IX.4.IMPRIMIR A SAÍDA[5]

A gestão da produção inclui todas as actividades relacionadas com a produção de documentos em formato de impressão, correio eletrónico ou fax. Os documentos baseados em formulários podem ser editados numa base ad hoc ou como parte de um processo empresarial.

- **A saída ad hoc** é gerada quando um utilizador apresenta a pré-visualização de um documento no Adobe® Reader e imprime uma cópia impressa ou guarda uma cópia eletrónica do documento em PDF (Portable Document Format). Este tipo de saída não requer qualquer configuração e pode ser gerado em qualquer altura.
- **A saída** integrada no processo significa que a saída de um documento é automaticamente acionada e executada como parte de um processo empresarial. Vejamos o exemplo de um pedido de compra criado por um empregado e depois enviado ao seu gerente para aprovação. Uma vez aprovado pelo gestor, o documento é automaticamente enviado para o canal de saída definido nas opções de processamento relevantes. Pode ser impressão, correio eletrónico ou fax. Os administradores podem criar opções de saída e canal de saída predefinido e regras de modelo de formulário para definir como um determinado documento é automaticamente emitido.

[5] https://help.sap.com, consultado em 06/10/2023 às 05h35".

CAPÍTULO X

REDE

X.1.CONCEITOS BÁSICOS

X.1.1.DEFINIÇÃO

[6]A rede informática refere-se a dispositivos informáticos interligados que podem trocar dados e partilhar recursos entre si .

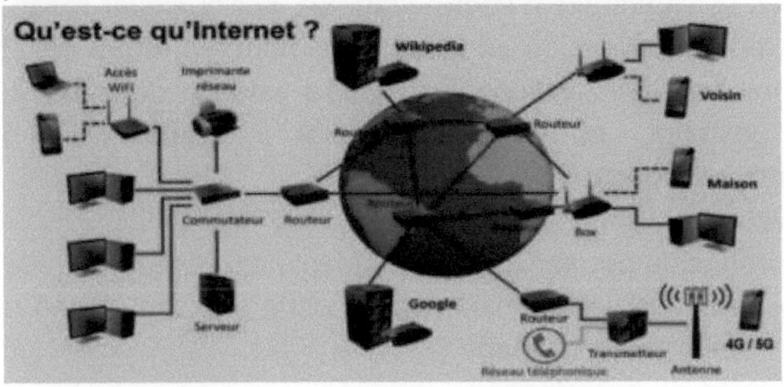

X.1.2.VANTAGENS E DESVANTAGENS

a) BENEFÍCIOS[7]

- **Armazenamento central de dados**

Os ficheiros podem ser armazenados num nó central (o servidor de ficheiros) que pode ser partilhado e disponibilizado a todos os utilizadores de uma organização.

- **Qualquer pessoa pode ligar-se a uma rede de computadores**

O leque de competências necessárias para se ligar a uma rede informática moderna é insignificante. A facilidade de ligação significa que até as crianças pequenas podem começar a explorar os dados.

[6] https://aws.amazon.com, consultado em 06/10/2023 às 05h38".
[7] https://www.phpeasydata.com, consultado em 06/10/2023 às 05h50".

- **Resolução mais rápida de problemas**

Uma vez que um procedimento aprofundado é dividido em vários procedimentos mais pequenos, cada um dos quais é tratado por todos os gadgets associados, uma pergunta explícita pode ser respondida em menos tempo.

- **Fiabilidade**

Fiabilidade significa salvaguardar a informação. Se, por qualquer razão, a informação estiver comprometida ou inacessível num PC, outra cópia de informação semelhante está disponível noutra estação de trabalho para utilização posterior, permitindo continuar o trabalho e o processamento sem interrupção.

- **É muito flexível**

Esta inovação é conhecida por ser realmente adaptável, porque oferece aos clientes a possibilidade de examinar tudo, desde o básico, como a programação, sem afetar a sua utilidade.

- **Segurança através de autorização**

A segurança e a proteção da informação também são regidas pelo sistema. Uma vez que apenas os clientes do sistema estão autorizados a aceder a ficheiros ou aplicações específicas, nenhuma outra pessoa pode violar a proteção ou a segurança da informação.

- **Aumenta a capacidade de armazenamento**

Uma vez que irá partilhar dados, ficheiros e bens com outras pessoas, é necessário garantir que todas as informações e substâncias são legitimamente armazenadas na estrutura. Com esta inovação na administração de sistemas, pode fazer a maior parte deste trabalho com facilidade, tendo ainda muito espaço para a capacidade.

b) DESVANTAGENS[8]

- **Preocupações de segurança**

Um dos principais inconvenientes das redes informáticas são os problemas de segurança que lhes estão associados. Se um computador for autónomo, o acesso físico torna-se necessário para qualquer tipo de roubo de dados. No entanto, se um computador estiver numa rede, um hacker pode obter acesso não autorizado utilizando uma variedade de ferramentas. No caso das grandes organizações, é necessário utilizar vários pacotes de software de segurança de rede para evitar o roubo de quaisquer dados confidenciais e classificados.

- **Vírus e malware**

Se apenas um computador de uma rede for afetado por um vírus, existe

[8] https://www.codyx.org, consultado em 06/10/2023 às 06h02'.

a possibilidade de outros sistemas serem também afectados. Os vírus podem propagar-se facilmente através de uma rede, devido à interconectividade das estações de trabalho. Além disso, vários sistemas com recursos partilhados são um terreno fértil para os vírus. Do mesmo modo, se for acidentalmente instalado software malicioso no servidor central, todos os clientes da rede ligados a este servidor serão automaticamente afectados.

- **Falta de robustez**

Se o servidor de ficheiros principal de uma rede de computadores falhar, todo o sistema se torna inútil. Se um servidor de ligação central ou um dispositivo de ligação em ponte na rede e este falhar, toda a rede fica paralisada. No caso de grandes redes, o servidor de ficheiros deve ser um computador potente, o que muitas vezes torna a instalação e a manutenção do sistema duplamente dispendiosas.

- **Necessidade de um gestor eficiente**

As competências técnicas e os conhecimentos necessários para operar e administrar uma rede informática são consideravelmente elevados. Um utilizador com apenas competências básicas não pode fazer o trabalho. Além disso, a responsabilidade inerente a este trabalho é elevada, uma vez que a atribuição de nomes de utilizador, palavras-passe e autorizações aos utilizadores da rede são também tarefas do administrador da rede. Do mesmo modo, a ligação e a configuração da são também tarefas fastidiosas e não podem ser executadas por um utilizador comum que não possua conhecimentos avançados de informática e/ou de rede.

- **Falta de independência**

Uma vez que a maioria das redes tem um servidor centralizado e clientes dependentes, os utilizadores clientes não têm total liberdade. A tomada de decisões centralizada pode, por vezes, interferir com a forma como um utilizador cliente pretende utilizar o seu próprio computador. As redes informáticas tiveram um efeito profundo na forma como hoje comunicamos uns com os outros e tornaram a nossa vida mais fácil.

Desde a World Wide Web até à rede local do seu escritório, os computadores tornaram-se indispensáveis na vida quotidiana e as redes passaram a ser uma caraterística padrão na maioria das empresas. Se as redes forem concebidas e configuradas tendo em conta as suas vantagens e desvantagens, são a melhor instalação que se pode ter.

X.1.3.CARACTERÍSTICAS DE UMA REDE INFORMÁTICA[9]

Uma rede tem uma série de caraterísticas que definem o seu comportamento e desempenho. Estas caraterísticas são as seguintes:

- **Topologia**: A disposição física ou lógica dos dispositivos e ligações numa rede. A topologia pode ser um barramento, uma estrela, um anel, uma malha ou um híbrido, consoante a configuração da rede.
- **Protocolo**: As regras e normas que regem a comunicação entre dispositivos numa rede. O protocolo pode ser TCP/IP, HTTP, FTP, SMTP ou outro, consoante o tipo de dados que está a ser transmitido.
- **Largura de banda**: a capacidade da rede para transmitir dados, medida em bits por segundo (bps), kilobits por segundo (Kbps) ou megabits por segundo (Mbps). A largura de banda pode ser partilhada ou dedicada, dependendo da arquitetura da rede.
- **Latência**: O atraso ou desfasamento na transmissão de dados entre dispositivos numa rede, medido em milissegundos (ms) ou microssegundos (ps). A latência pode ser afetada por factores como a distância, o congestionamento ou o tempo de processamento.
- **Segurança**: As medidas e protocolos que garantem a confidencialidade, integridade e disponibilidade dos dados numa rede. A segurança pode incluir autenticação, encriptação, firewalls ou sistemas de deteção de intrusão.

X.1.4.TIPOS DE REDES INFORMÁTICAS[10]

X.1.4.1. REDE LAN

LAN é o acrónimo de *Local Area Network (rede local).* Trata-se de um conjunto de computadores pertencentes à mesma organização e ligados entre si numa pequena área geográfica por uma rede, utilizando frequentemente a mesma tecnologia (a mais comum é a Ethernet)...

Uma rede local é, portanto, uma rede na sua forma mais simples. A velocidade de transferência de dados? de uma rede local pode variar entre 10 Mbps (para uma rede ethernet, por exemplo) e 1 Gbps (em FDDI ou Gigabit Ethernet, por exemplo). A dimensão de uma rede local pode ir até 100 ou mesmo 1000 utilizadores.

X.1.4.2. REDE HOMEM

As MAN (*Metropolitan Area Networks*) interligam a alta velocidade várias LAN geograficamente próximas (a uma distância não superior a algumas dezenas de quilómetros). Uma MAN permite que dois nós distantes comuniquem como se fizessem parte da mesma rede local.

---

9 https://commentouvrir.com, consultado em 06/10/2023 às 06h12".

10 https://web.maths.unsw.edu.au, consultado em 06/10/2023 às 06h26'.

Uma MAN é constituída por comutadores ou routers interligados por ligações de alta velocidade (normalmente por fibra ótica).

X.1.4.3. REDE WAN

Uma **WAN** (Wide Area Network) interliga várias LANs através de grandes distâncias geográficas.

As velocidades disponíveis numa WAN são o resultado de um compromisso com o custo das ligações (que aumenta com a distância) e podem ser baixas.

As WANs utilizam routers para "escolher" a rota mais adequada para chegar a um nó da rede.

A WAN mais conhecida é a Internet

X.1.5.REDE INTRANET[11]

Uma intranet é uma rede local específica de uma organização (empresa, universidade, instituição, etc.) que permite aos empregados aceder a informações internas e trocar informações. Funciona como um sítio Web: necessita de um servidor Web e dos protocolos associados.

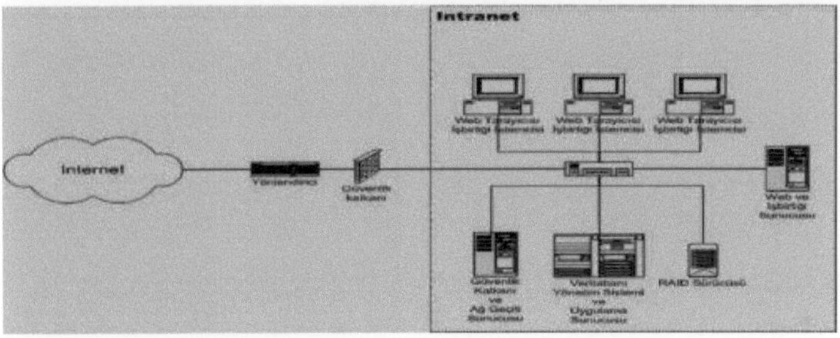

X.1.6.REDE EXTRANET[12]

A **extranet** é uma extensão do sistema de informação da empresa. Baseia-se numa rede de telecomunicações ligada à Internet, permitindo a todas as empresas partilhar documentos ou informações privadas com os seus empregados, filiais, clientes, fornecedores ou prestadores de serviços. Por exemplo, os empregados que trabalham a partir de casa podem ligar-se a uma interface Web com o seu nome de utilizador e a sua palavra-passe para obter essas informações.

[11] https://blog.talkspirit.com, consultado em 06/10/2023 às 06h32".

[12] http://www.saveho.com, consultado em 06/10/2023 às 06h45".

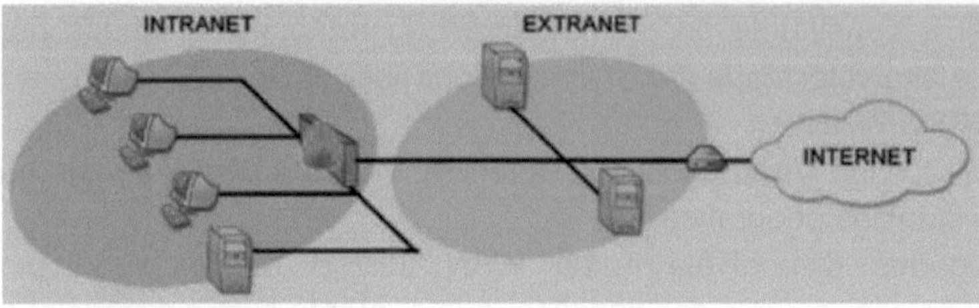

X.1.7.REDE INTERNET

A Internet é uma rede mundial de computadores que permite aos utilizadores comunicarem entre si em todo o mundo a um custo muito baixo, uma vez que basta uma simples ligação. [13]

[13] https://www.futura-sciences.com, consultado em 06/10/2023 às 06:52'.

CAPÍTULO XI

CORREIO ELECTRÓNICO

XI.1.DEFINIÇÃO

***O correio* eletrónico** designa o serviço de transferência de mensagens enviadas por um sistema de mensagens electrónicas *através de* uma rede informática (atualmente a Internet) para a caixa de correio eletrónico de um destinatário escolhido pelo remetente. "Serviço de correspondência que permite a troca de mensagens electrónicas através de uma rede informática. [14]"

[15]**O correio eletrónico**, contração das palavras **courrier** e **electronique**, designa igualmente a mensagem trocada por este meio, de acordo com a terminologia oficial da língua francesa .

XI.2.CRIAR UM ENDEREÇO DE CORREIO ELECTRÓNICO

Primeiro, escolha um tipo de Conta Google

Esta conta será para mim ou para gerir uma empresa

NB: Ao criar uma Conta Google para a sua empresa, pode ativar a personalização para empresas. Uma Conta empresarial também facilita a configuração da ficha de empresa do Google, o que ajuda a melhorar a visibilidade da sua empresa e a gerir as suas informações online.

Quando criar uma Conta Google, ser-lhe-ão solicitadas informações pessoais. Ao fornecer informações corretas, estará a ajudar a manter a sua conta segura e a tornar os nossos serviços mais úteis para si.

Além disso, não é necessário ter uma conta Gmail para criar uma Conta Google. Pode utilizar um endereço de correio eletrónico que não seja o Gmail para criar uma conta.

1. Aceda à página de início de sessão da Conta Google.
2. Clique em Criar uma conta.
3. Introduza o seu nome.
4. No campo "Nome de utilizador", introduzir um nome de utilizador.
5. Introduza a sua palavra-passe e confirme.

NB: Quando introduz a sua palavra-passe móvel, a primeira letra não faz distinção entre maiúsculas e minúsculas.

6. Clique em Seguinte.

o Opcional: Adicione um número de telefone à sua conta e, em seguida, valide .

7. Clique em Seguinte.

---

[14] https://www.techno-science.net, consultado em 06/10/2023 às 07:04'.

[15] Idem

UTILIZAR UM ENDEREÇO DE CORREIO ELECTRÓNICO EXISTENTE

1. Aceda à página de início de sessão da Conta Google.
2. Clique em Criar uma conta.
3. Introduza o seu nome.
4. Clique em Utilizar o meu endereço de correio eletrónico atual.
5. Introduza o seu endereço de correio eletrónico atual.
6. Clique em Seguinte.
7. Valide o seu endereço eletrónico utilizando o código enviado para o seu endereço eletrónico existente.
8. Clique em Validar.

XI.3.CRIAR UM ENDEREÇO YAHOO

Para **criar um endereço de correio eletrónico yahoo.fr**, aceda à página inicial **do Yahoo** a partir do seu browser.

1. Aceda à página de início de sessão do Yahoo ou escreva o URL login.yahoo.com
2. Clique no botão "Criar uma conta" no canto inferior direito da página.
3. Preencha as informações necessárias: nome próprio, apelido, número de telefone, sexo, data de nascimento, etc. Os campos assinalados com um asterisco são obrigatórios. Escolha um **endereço de correio eletrónico** e uma palavra-passe forte para proteger os seus dados pessoais.

XI .4.CRIAR UM ENDEREÇO HOTMAIL

Desde que o Hotmail se tornou Outlook.com, tornou-se menos fácil criar uma conta. Se já tiver um endereço de Internet *@hotmail.fr*, *@hotmail.com* ou *@msn.com*, será automaticamente redireccionado para o endereço login.live.com, que conduz à nova versão Outlook da caixa de correio do Hotmail.

Eis alguns passos simples para aceder a este fantástico serviço de correio.

1. Terá de visitar **outlook.com**.
2. A próxima coisa que precisa de fazer é clicar no botão "Criar uma conta gratuita" na parte inferior, que o levará para a página de registo.
3. Quando receber um novo endereço de correio eletrónico, poderá então escolher o seu nome de domínio, ou seja, *@outlook.fr* ou *@hotmail.fr.*

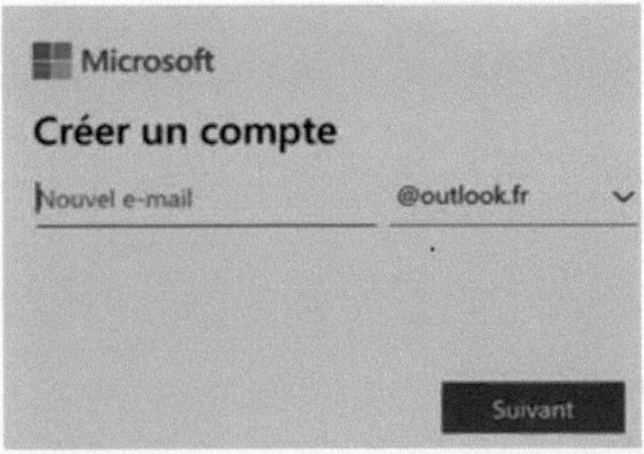

Entrar

4. Terá de introduzir um nome de utilizador e uma palavra-passe, que serão agora utilizados para **aceder ao Hotmail**. Em seguida, a Microsoft perguntar-lhe-á se pretende ou não receber mensagens de correio eletrónico promocionais. Em seguida, o utilizador escolhe se pretende ou não receber e-mails promocionais da Microsoft.

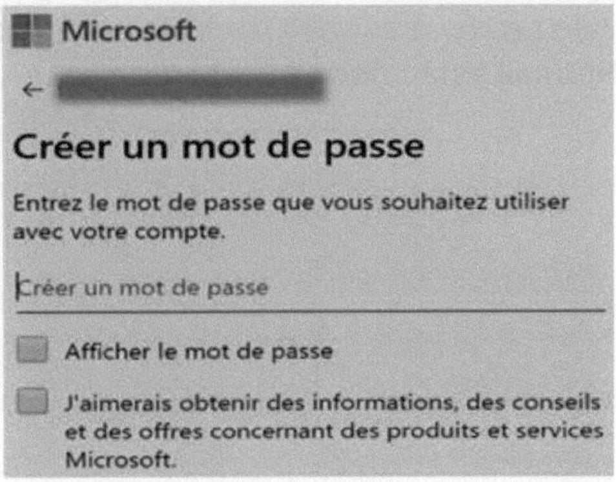

5. A Microsoft pedir-lhe-á então algumas informações importantes, como o seu nome, a sua data de nascimento, o seu sexo, o seu número de telefone para o caso de se esquecer da sua palavra-passe, o seu local de residência... Naturalmente, o Hotmail garante a proteção dos seus dados

6. Em seguida, a Microsoft irá provavelmente pedir-lhe que confirme que não é um robô, introduzindo os caracteres que vê.

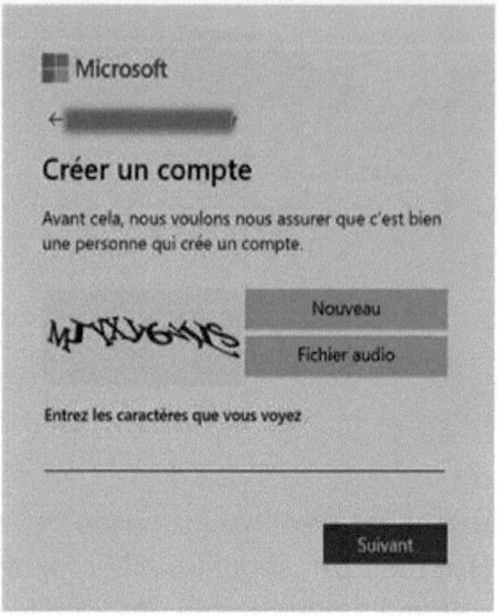

7. Depois de introduzir os seus dados, terá de clicar no seu pedido e confirmá-lo, o que será o último passo para **obter a conta Hotmail**.
8. Clique e confirme. A verificação ser-lhe-á enviada por texto ou e-mail para garantir que **a sua conta Hotmail está criada** e em boas mãos.

CAPÍTULO XII

APRESENTAÇÃO EM POWERPOINT

XII .1.LANÇAMENTO DO POWERPOINT

O Microsoft PowerPoint é o software que utiliza para criar, editar e visualizar diaporamas multimédia para acompanhar apresentações e conferências.

Tudo o que precisa de fazer é iniciar o Powerpoint:

1. Utilizar o menu "Iniciar" do Windows. Abra o menu "Iniciar", clique em "Todos os Programas", desça até a pasta "Microsoft Office" e clique em "PowerPoint". Se você usa o PowerPoint com frequência, o programa aparecerá à direita quando você abrir o menu "Iniciar", então fique de olho nele.
2. Abrir o Microsoft PowerPoint na pasta "Ficheiros de Programas". Faça duplo clique no ícone "O meu computador" no ambiente de trabalho, "Disco local (C:)" e depois em "Ficheiros de Programas" . Faça duplo clique em "Microsoft Office" e depois em "PowerPoint" para iniciar o programa
3. Localize a pasta da sua apresentação - que aparece no formato "ppt". - E abra-a iniciando o Microsoft PowerPoint. Aceda à sua pasta, provavelmente armazenada na biblioteca "Documentos", e faça duplo clique na mesma para a abrir utilizando o PowerPoint.

XII.2.DESCRIÇÃO DA JANELA

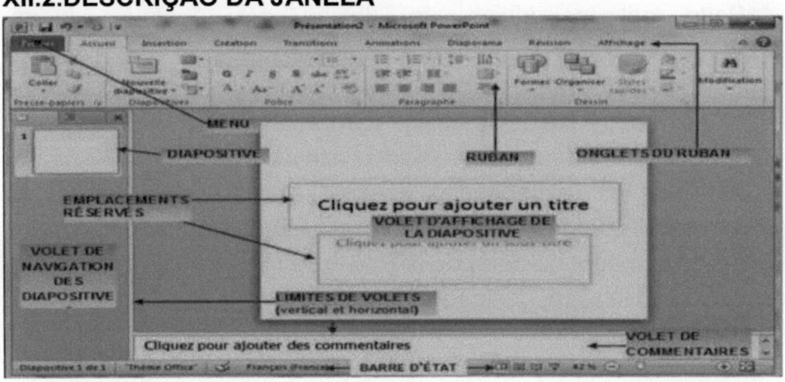

A janela do Powerpoint é constituída pelos seguintes elementos:

1. **A BARRA DE TÍTULOS** apresenta o nome do documento e a aplicação (Powerpoint);
2. **O MENU ARQUIVO** fornece comandos globais para a gestão de documentos;
3. **A BARRA DE FERRAMENTAS "ACESSO RÁPIDO"** apresenta

ícones que simbolizam as acções (ferramentas) mais comuns;

4. **A ROLAGEM**, constituída por separadores, apresenta ícones agrupados por tipo, que simbolizam acções;

5. **O PAINEL DE NAVEGAÇÃO** apresenta o mapa ou os diapositivos da apresentação;

6. **Os ESPAÇOS RESERVADOS**, caracterizados por ícones, descrevem o tipo de elemento (gráfico, imagem, tabela, etc.);

7. **Os MENUS E BARRAS DE FERRAMENTAS CONTEXTUAIS** oferecem as ferramentas e comandos mais adequados para uma seleção atual;

8. **Os LIFTS** permitem-lhe mover-se vertical e horizontalmente com o rato;

9. **A BARRA DE ESTADO** fornece informações sobre o comando atual, o ambiente e a posição do ponto de inserção (os ícones de visualização e o zoom permitem-lhe mudar de um modo de visualização e/ou ampliação para outro);

10. **O PAINEL DE VISUALIZAÇÃO** apresenta o diapositivo e os seus componentes

■ ■ ■ ;

11. **O painel COMENTÁRIOS** completa o painel de visualização .

XII.3.COMPONENTE DE CONCEPÇÃO

1) Pode solicitar ideias de design em qualquer altura, selecionando Design > Designer na Faixa de Opções.

2) Na primeira vez que o experimentar, o designer pode pedir-lhe autorização para obter ideias de design para si.

Se pretender utilizar o Designer, selecione **Ativar**.

Depois de ativar as "experiências ligadas", as ideias de design do PowerPoint são-lhe apresentadas automaticamente quando cria os diapositivos. Ao longo do tempo, o PowerPoint aprende com a sua experiência de utilização de ideias de design e mostra-lhe ideias de design quando precisa delas.

3) Navegue pelas sugestões no painel **Designer**, à direita da janela;

4) Clique no design da sua escolha ou feche a janela. Se selecionar uma das ideias, o seu diapositivo será modificado em conformidade. Também pode selecionar outra ideia no painel ou voltar ao design original do diapositivo: Prima Ctrl+Z para cancelar um design que acabou de selecionar.

XII.4.FITAS DISPONÍVEIS

Toda a nova estrutura de menus está agora num "friso" de comandos. Esta parte do documento destina-se a dar-lhe uma visão geral da nova forma de aceder aos comandos.

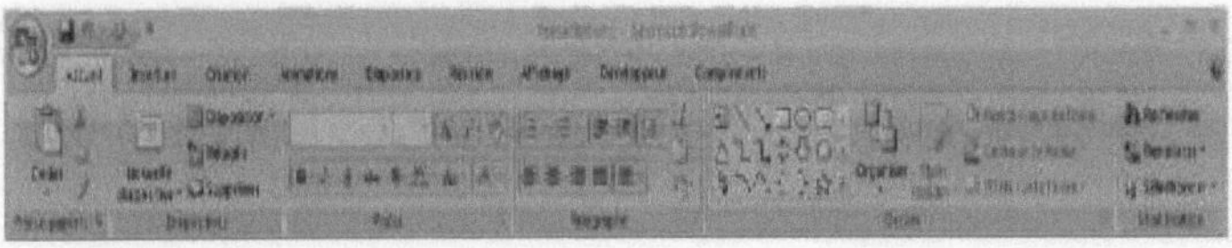

O friso pode ocupar muito espaço no ecrã. Pode fazer duplo clique no separador ativo para mostrar ou ocultar o friso.

Botão do escritório

O botão Office agrupa a maioria dos comandos que estavam anteriormente no menu Ficheiro. Também contém as opções para gerir a aplicação.

Barra de acesso rápido

A Microsoft reconhece que existem determinados comandos que serão mais utilizados do que outros. É por isso que lhe permite personalizar a barra de ferramentas de acordo com as suas necessidades.

Para adicionar ou remover opções da barra de acesso rápido

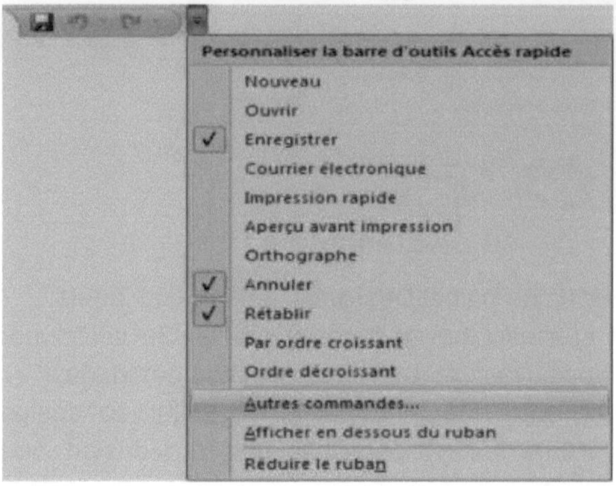

1) Prima a seta que aponta para baixo no final da barra de ferramentas de acesso rápido.

Pode ativar os comandos mais frequentemente utilizados.

2) Para aceder a comandos adicionais, selecione a opção

Outras encomendas.

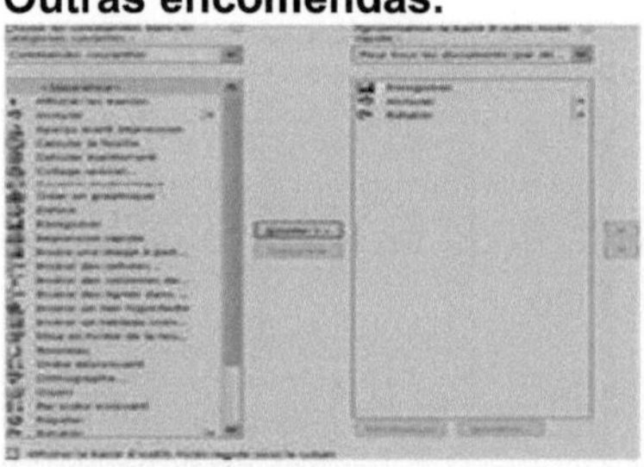

Os separadores

É nestes separadores que se encontram os comandos que compõem o PowerPoint. Eles estão na ordem que deve utilizar para criar a sua apresentação. Não há nada que o impeça de mudar de um separador para outro em qualquer altura. Mas lembre-se de olhar para todos eles antes de terminar o seu documento.

Separadores contextuais

Os separadores sensíveis ao contexto são activados quando se seleciona um objeto que requer opções adicionais para ser gerido. Por exemplo, uma imagem, um gráfico, um diagrama ou um vídeo não são geridos da mesma forma que um texto. Será adicionado um separador após os outros separadores para fornecer opções para o objeto que selecionou. No caso dos gráficos, como a imagem acima, as opções são tantas que estão agrupadas em três separadores: Criação, Disposição e Formatação .

Grupo de opções: agrupamento de encomendas

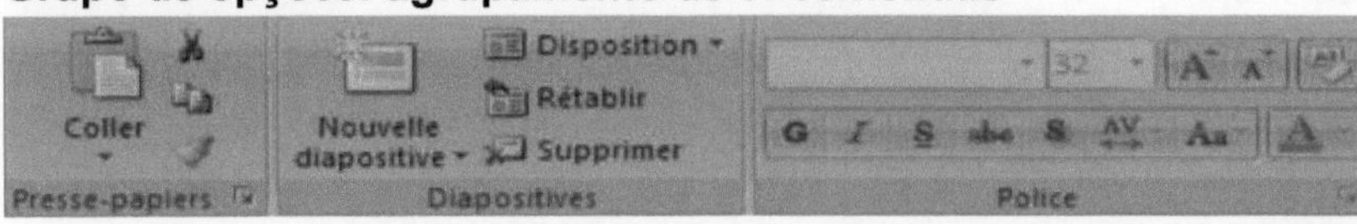

Os comandos são agrupados para abranger todas as opções semelhantes. Na imagem acima, existe o grupo da área de transferência que inclui os comandos de estilo de apresentação Recortar, Copiar, Colar e Reproduzir. Também existem agrupamentos para comandos que abrangem opções para diapositivos e tipos de letra.

Encomendas

Estes são os comandos que lhe permitem modificar os seus documentos para melhor se adaptarem às suas necessidades.

Lançador de caixas de diálogo

O friso não é suficientemente grande para cobrir todas as opções disponíveis nas aplicações. É por isso que o y tem um lançador de caixas de diálogo.

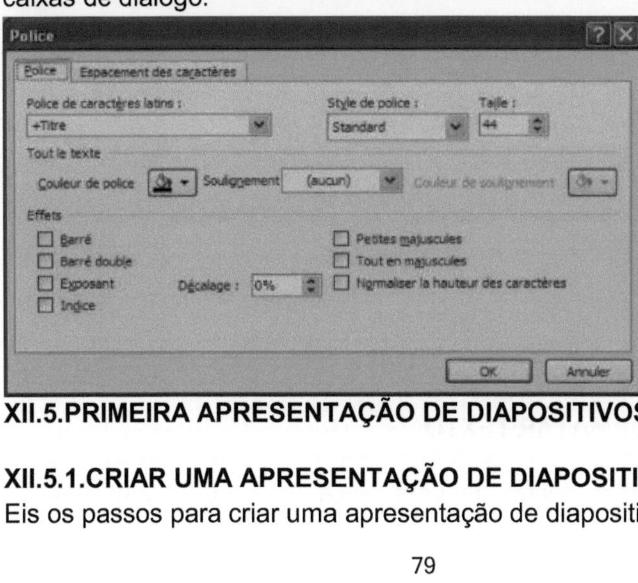

XII.5.PRIMEIRA APRESENTAÇÃO DE DIAPOSITIVOS

XII.5.1.CRIAR UMA APRESENTAÇÃO DE DIAPOSITIVOS

Eis os passos para criar uma apresentação de diapositivos;

1. Abrir o PowerPoint.
2. No painel do lado esquerdo, selecione **Novo**.
3. Selecionar uma opção :

o Para criar uma apresentação a partir do zero, selecione **Apresentação vazia**.

o Para utilizar um desenho preparado, selecione um dos modelos.

o Para apresentar sugestões sobre a utilização do PowerPoint, selecione
Visita guiada, depois **Creer**.

ADICIONAR UM SLIDE

1. Nas miniaturas do painel esquerdo, selecione o diapositivo que pretende que o novo diapositivo siga.
2. No separador **Página inicial**, na secção **Diapositivos**, selecione **Novo diapositivo**.
3. Na secção **Slides,** selecione **Layout** e, em seguida, selecione o layout pretendido no menu.

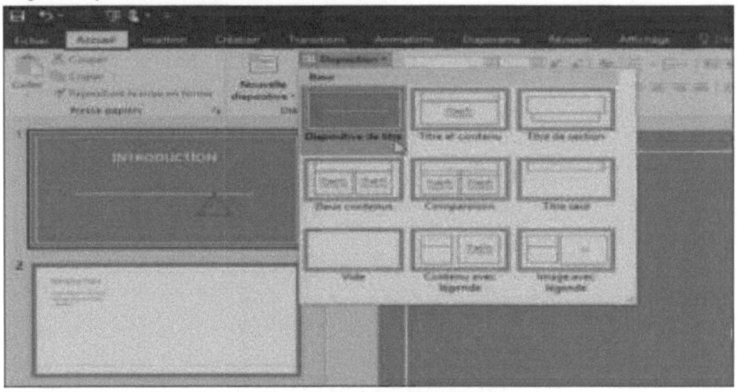

ADICIONAR E FORMATAR TEXTO

1. Coloque o cursor dentro de uma caixa de texto e, em seguida, escreva algo .

2. Selecione o texto e, em seguida, selecione uma ou mais opções na secção Tipo de **letra** do separador **Página inicial**, como **Tipo de letra**, **Aumentar o tamanho da letra**, **Diminuir o tamanho da letra**, **Negrito**, **Itálico**, **Sublinhado**, etc.
3. Para criar listas com marcadores ou numeradas, selecione o texto e, em seguida, selecione a opção **Marcadores** ou **Numeração**.

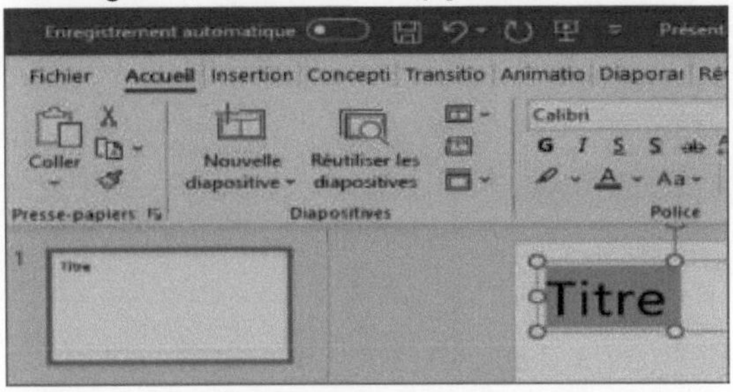

ADICIONAR UMA IMAGEM, FORMA, ETC.

1. Vá para o separador **Inserir**.
2. Para adicionar uma imagem :

o Na secção **Imagens,** selecione **Imagens**.

o No menu **Inserir uma imagem de**, selecione a fonte desejada.

o Localize a imagem que pretende, selecione-a e, em seguida, **selecione Inserir**.

3. Para acrescentar ilustrações :

o Na secção **Ilustrações,** selecione **Formas**, **Ícones**, **Modelos 3D**, **Smart Art** ou **Gráficos**.

o Na caixa de diálogo que se abre quando clica num dos tipos de ilustração, selecione o elemento pretendido e siga as instruções para o inserir.

XII.5.2.FUNDOS

Para criar uma marca de água no PowerPoint (2007), siga estes passos:

Passo 1. Abrir o ficheiro PowerPoint

Vá para o documento do PowerPoint cujo fundo pretende alterar e clique no botão "Design" > "Formatar fundo". Se estiver a utilizar o PowerPoint 2007, pode ir ao separador "Design" e clicar em "Estilos de fundo".

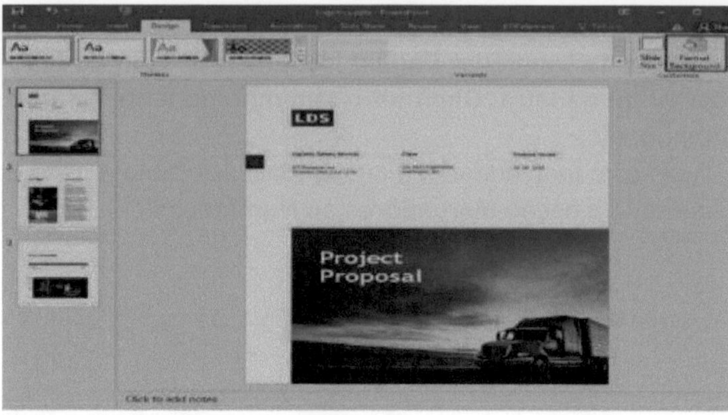

Passo 2. Modificar o fundo

Abre-se uma nova janela. Selecione a opção "Preenchimento sólido" e clique no ícone "Cor". Aparece uma grande variedade de opções. Basta clicar na cor com que pretende preencher o fundo. Também pode optar por utilizar gradientes ou imagens como fundo.

Passo 3. Modificar o fundo

Existem também algumas alternativas que pode utilizar para modificar o fundo. Arraste o filtro de transparência para alterar o nível de transparência do seu documento. Também pode clicar na opção "Aplicar a todos" para definir a cor de fundo para todos os diapositivos.

XII.5.3.UTILIZAÇÃO DE MÁSCARAS

Uma máscara de diapositivo é o diapositivo superior numa hierarquia de diapositivos que armazena informações sobre o tema e a disposição dos diapositivos numa apresentação, incluindo o fundo, a cor, os tipos de letra, os efeitos, o tamanho dos marcadores de posição e o

posicionamento.[16]
Para utilizar vários temas na mesma apresentação, é necessário utilizar várias máscaras de diapositivos. Cada máscara de diapositivo representa um tema.
Por exemplo, a imagem seguinte mostra duas máscaras de diapositivos (com esquemas associados por baixo de cada uma) tal como aparecem no modo Máscara de diapositivos. É aplicado um tema diferente a cada máscara de diapositivo.

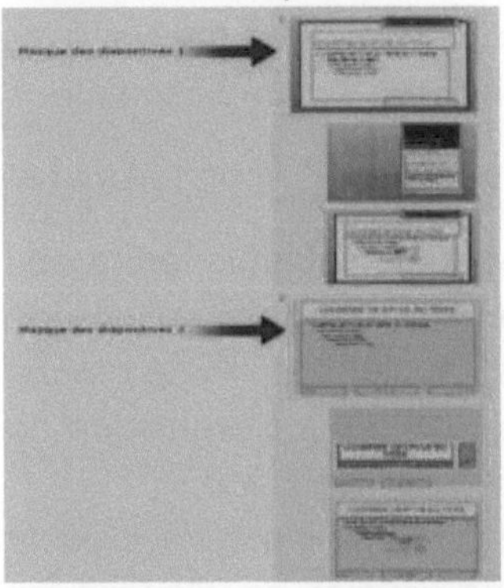

ADICIONAR UMA MÁSCARA DE DIAPOSITIVO ADICIONAL A UMA APRESENTAÇÃO

1. No separador **Ver**, clique em **Mascarar diapositivos**.
2. No separador **Máscara de diapositivos**, efectue uma das seguintes operações:

- No grupo **Modificar página principal**, clique em **Inserir máscara de diapositivo**.

Quando se utiliza este procedimento para inserir uma máscara de diapositivo, esta aparece por baixo de uma máscara existente e sem cores ou efeitos de tema. Pode aplicar um tema personalizado utilizando as opções do grupo **Fundo**.

- No separador **Máscara de diapositivos**, no grupo **Editar tema**, clique em **Temas** e selecione um novo tema.

Se a sua apresentação contiver apenas uma máscara de diapositivo, a seleção de um novo tema através deste procedimento substituirá o tema existente na máscara pelo novo tema.

XII.5.4.VISUALIZAR UMA APRESENTAÇÃO DE DIAPOSITIVOS

Se estiver no modo de apresentação de diapositivos e decidir apresentar

16 https://support.microsoft.com, consultado em 11/10/2023 às 02:54'.

um diapositivo oculto, pode fazê-lo:

1. Clique com o botão direito do rato no diapositivo ativo e **selecione Mostrar todos os diapositivos**.

O ecrã muda para uma lista de miniaturas de todos os diapositivos da apresentação.

2. Selecione o diapositivo oculto a apresentar.

O diapositivo selecionado é apresentado em ecrã inteiro e a apresentação de diapositivos é retomada.

Se estiver a utilizar o modo Apresentador, o seu público não verá os passos que dá para selecionar o diapositivo. Verá simplesmente o diapositivo que selecionou no passo 2.

PORQUÊ ESCONDER OS DIAPOSITIVOS?

A ocultação de diapositivos é particularmente útil quando adicionou diapositivos a uma apresentação que fornecem diferentes níveis de detalhe sobre o assunto, talvez para diferentes audiências. Pode marcar estes diapositivos como ocultos para que não sejam apresentados no seu diaporama principal, mas pode aceder-lhes se necessário.

Por exemplo, um membro do seu público pode pedir-lhe para explicar algo com mais pormenor. Neste caso, pode revelar os diapositivos mascarados que contêm esses detalhes. No entanto, se o tempo for curto e o público compreender os conceitos que está a fornecer, pode querer manter os diapositivos com as informações adicionais mascarados para que possa continuar a sua apresentação sem ignorar visivelmente os diapositivos.

XII.5.5.INTERROMPER UMA APRESENTAÇÃO DE DIAPOSITIVOS

Para os tipos de apresentação de diapositivos **Apresentado por um apresentador (ecrã inteiro)** e **Visualizado num terminal (ecrã inteiro)**, pode ser útil verificar e registar o tempo dos efeitos e dos diapositivos.

1. No separador **Apresentação de diapositivos**, clique em **Verificar tempo**.

Nota: O temporizador da apresentação começa assim que clicar em **Verificar temporização**.

A barra de ferramentas **Repetir** é apresentada e o tempo da apresentação começa na área **Duração do diapositivo**.

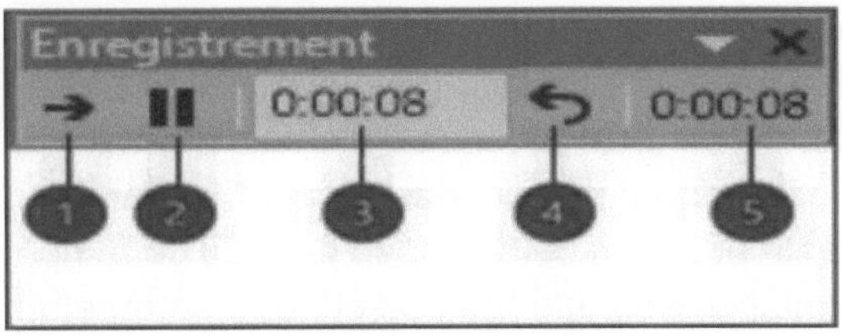

oNext (avança para o diapositivo seguinte)
"Pausa
3Dureza do escorrega
-♦Repeter
©Duração total da apresentação de diapositivos

2. Enquanto a apresentação está a ser cronometrada, pode utilizar a barra de ferramentas **Repetir** para efetuar uma ou mais das seguintes operações:

- Para avançar para o diapositivo seguinte, clique em **Seguinte.**
- Para parar temporariamente a gravação, clique em **Suspender**.
- Para retomar a gravação da duração após uma pausa, clique em **Pausa**.
- Para definir o tempo exato de apresentação de um diapositivo, introduza o valor correspondente no campo **Tempo do diapositivo**.
- Para retomar a gravação durante a duração do diapositivo ativo, clique em **Repetir**.

3. Quando a duração do último diapositivo tiver sido definida, uma mensagem apresenta a duração total da apresentação e pede-lhe que efectue uma das seguintes operações:

- Para manter os tempos dos diapositivos gravados, clique em **Sim.**
- Para eliminar os tempos dos diapositivos guardados, clique em **Não.**

O modo de classificação de diapositivos é ativado e apresenta a duração de cada diapositivo da sua apresentação.

XII.6.TRANSIÇÕES

[17][18]**Uma transição** é um efeito animado que ocorre quando se passa de um diapositivo para o seguinte.

XII.6.1.APLICAÇÃO DE UMA TRANSIÇÃO [18]

Para aplicar um efeito de transição a todos os diapositivos da

[17] https://www.onlyoffice.com, consultado em 11/10/2023 às 03h19".
[18] https://lecompagnon.info, consultado em 11/10/2023 às 03h32".

apresentação, prima o botão "Aplicar em todo o lado".

A opção "Ir para o diapositivo seguinte" permite-lhe decidir como passar para o diapositivo seguinte. Pode fazê-lo manualmente, clicando no botão esquerdo do rato ou utilizando determinadas teclas. Mas também pode avançar automaticamente após um determinado período de tempo. Isto é muito útil para apresentações do tipo "carrossel", que se repetem continuamente sem qualquer intervenção. Pode vê-las nos ecrãs dos centros comerciais ou na frente dos edifícios. Pode determinar o tempo que cada diapositivo permanece no ecrã antes de passar automaticamente para o seguinte.

Som de transição

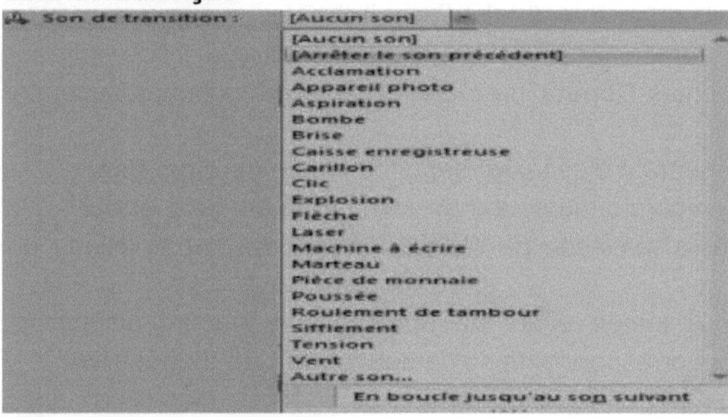

Velocidade de transição

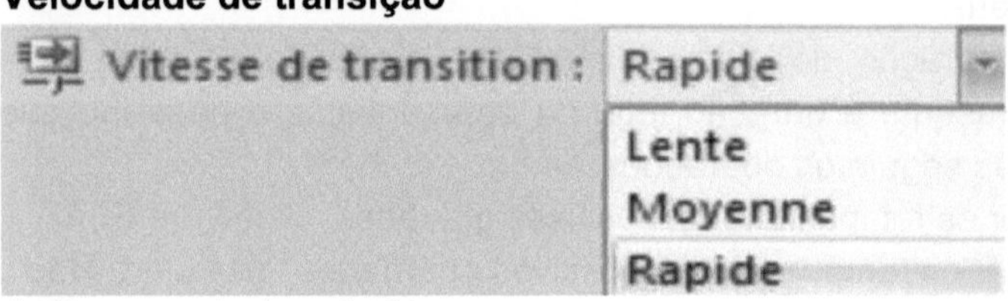

Aplicar em todo o lado

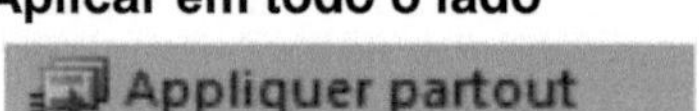

Ir para o diapositivo seguinte

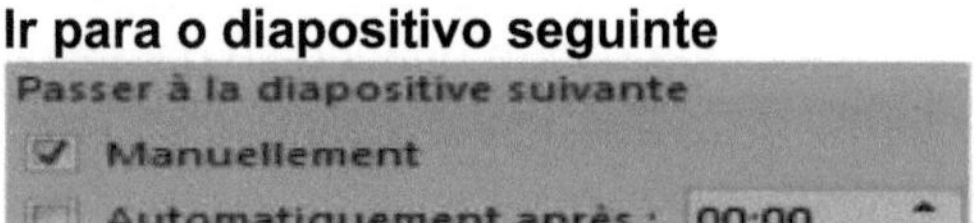

XII.6.2.EFEITOS DE PRÉ-VISUALIZAÇÃO

1. No diapositivo, selecione a área que contém o texto.
2. Selecione **o separador Animações e**, em seguida, escolha uma animação, por exemplo, **Aparência, Desvanecimento** ou **Aparência.**

Para algumas animações, como o avanço de linha, selecione **Opções de** efeito, uma vez que é necessário escolher uma direção para o avanço de bala (para baixo, para cima, para a esquerda ou para a direita).

3. Selecione **Opções de efeito e**, em seguida, **Selecione Por** parágrafo para apresentar os parágrafos de texto um de cada vez. (A outra opção, **Todos de uma vez**, faz com que todas as linhas de texto apareçam de uma só vez).

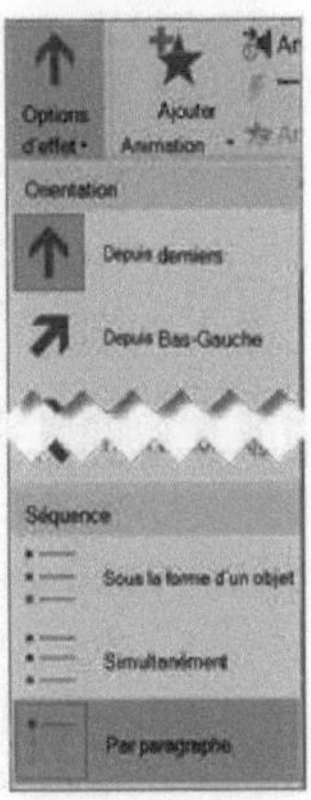

O PowerPoint pré-visualiza imediatamente a animação para si.

Por predefinição, quando apresenta uma apresentação de diapositivos, cada parágrafo é apresentado em resposta a um clique. Isto permite-lhe controlar o aspeto de cada parágrafo. Pode alterar esta definição utilizando os controlos **Início,** Duração e Atraso, na extremidade direita do separador **Animação** do friso.

XII.6.3.DEFINIR O TEMPO DE TRANSIÇÃO[19]

Para alterar a duração de transições específicas num projeto :

1. No navegador de projectos, faça duplo clique no ícone de transição. (Existem muitos ícones de estilo de transição; são apresentados vários abaixo).

[19] https://imovie.skydocu.com, consultado em 11/10/2023 às 03h48'.

2. No inspetor que se abre, introduza o número de segundos que pretende que a transição dure.
3. Se pretender que esta duração seja aplicada a todas as transições que já adicionou ao projeto e a todas as que adicionar posteriormente, selecione Aplicar a todas as transições.
4. Clique em Concluir.

Para alterar a duração predefinida das transições num projeto :

1. Quando o projeto estiver aberto, selecione Ficheiro > Propriedades do projeto.

O menu Ficheiro aparece numa barra cinzenta clara na parte superior do ecrã do computador.

2. Desloque o cursor "Duração da transição" para definir a duração, em segundos, das transições sem tema.
3. Da mesma forma, mova o seletor "Theme transition length" (Duração da transição do tema) para definir a duração, em segundos, das transições do tema.

Se este cursor estiver branco e não se mover, isso significa que o projeto não tem tema.

4. Selecione uma das seguintes opções:

- Aplicar a todas as transições, se pretender que as definições se apliquem a todas as transições, incluindo todas as transições que já adicionou e todas as que vai adicionar a partir de agora.
- Aplicar quando adicionado ao projeto, se pretender que as definições se apliquem simplesmente às transições que adicionar a partir desse momento.

5. Clique em OK.

XII .6.4.FUNCIONAMENTO AUTOMÁTICO

Pode utilizar uma apresentação de execução automática para ser executada sem assistência num stand ou quiosque numa feira ou convenção, ou pode gravá-la como um vídeo e enviá-la a um cliente.

1. No separador **Apresentação de diapositivos**, clique em **Configurar apresentação de diapositivos**.
2. Em **Tipo de apresentação de diapositivos**, selecione uma das seguintes opções:

o Para que a pessoa que está a ver a sua apresentação de diapositivos possa passar de um diapositivo para outro sempre que quiser, clique em **Apresentado por um apresentador (ecrã inteiro)**.

o Para apresentar o seu diaporama numa janela (onde a pessoa que está a ver a apresentação não tem controlo sobre o progresso do diaporama), selecione **Visto por uma pessoa (janela)**.

- Para executar a sua apresentação de diapositivos num ciclo até que o espetador prima Esc, selecione **Ver num terminal (ecrã completo)**.

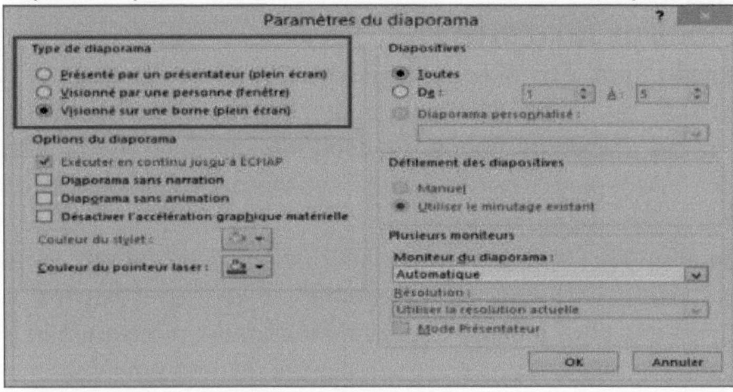

XII.7 MODO DE VISUALIZAÇÃO[20]

Por padrão, o PowerPoint abre no modo Normal, exibindo miniaturas, anotações e o modo Slide. No entanto, se preferir, pode especificar que o PowerPoint abra noutro modo, como por exemplo, Classificador de diapositivos, Apresentação de diapositivos, Página de notas e variações do modo Normal.

1. > > Clique em **Opções de ficheiro Opções avançadas**.
2. Em **Vista,** na lista Abrir todos os **documentos** utilizando esta vista, selecione a vista que pretende definir como a nova vista predefinida e, em seguida, clique em **OK.**

[20] https://diapo-powerpoint.com, consultado em 11/10/2023 às 03h58'.

CAPÍTULO XIII

ADMINISTRAÇÃO E SEGURANÇA DE SISTEMAS INFORMÁTICOS

XIII.1.DEFINIÇÕES DE CONCEITOS

1) Administração (em TI): gerir e assegurar o funcionamento e a operação de um ou mais elementos de hardware ou software (ferramentas, redes, bases de dados, mensagens, etc.) numa empresa ou organização. [21]Assegura a coerência, a acessibilidade e a segurança da informação.

2) Segurança (em TI) : [22]A segurança informática é um termo geral utilizado para descrever todas as estratégias, métodos, soluções e ferramentas utilizadas para proteger a confidencialidade, a integridade e a disponibilidade dos dados e dos recursos digitais de uma empresa.

3) Sistemas informáticos: Um sistema informático é um conjunto de recursos informáticos e de telecomunicações, tanto de hardware como de software, cujo objetivo é recolher, processar, armazenar, encaminhar e apresentar dados.[23]

XIII.2.FIREWALL

Uma firewall é um dispositivo de proteção da rede que monitoriza o tráfego de entrada e de saída e decide se deve permitir ou bloquear algum desse tráfego com base num conjunto de regras de segurança predefinidas.[24]

As firewalls são a primeira linha de defesa das redes há mais de 25 anos. Estabelecem uma barreira entre redes internas fiáveis, seguras e controladas e redes externas, como a Internet.

Uma firewall pode ser hardware ou software, SaaS (software utilizado como um serviço) ou alojada numa nuvem pública ou privada (virtual).

XIII.3.PROTECÇÃO POR PALAVRA-PASSE

A proteção por palavra-passe é uma técnica de controlo de acesso que

[21] https://www.orientation-pour-tous.fr, consultado em 11/10/2023 às 04h08
[22] https://www.crowdstrike.fr, consultado em 11/10/2023 às 04h11 '
[23] Jacques LONCHAMP, introduction aux systemes informatiques, Paris, Dunod, 2017, p.1.

protege os dados importantes dos hackers, restringindo o seu acesso às informações.

A proteção por palavra-passe é uma das ferramentas de segurança de dados mais comuns disponíveis para os utilizadores. [24][25]

XIII.3.1.PORQUE É QUE A PROTECÇÃO POR PALAVRA-PASSE É IMPORTANTE?

As palavras-passe são a primeira linha de defesa contra o acesso não autorizado a dispositivos, ficheiros e contas em linha. As palavras-passe fortes ajudam a proteger os dados contra pessoas e software maliciosos. Quanto mais forte for a palavra-passe, mais segura é a informação. Utilizar palavras-passe fracas é um pouco como deixar a porta do carro ou de casa aberta: é perigoso.

XIII.3.2.CONSEQUÊNCIAS DAS PALAVRAS-PASSE FRACAS

Dado que uma pessoa comum tem mais de 150 contas em linha, o cansaço das palavras-passe é uma realidade. É tentador utilizar palavras-passe simples ou a mesma palavra-passe para várias contas, em vez de criar palavras-passe diferentes para cada conta. No entanto, a complacência com as palavras-passe pode ter consequências devastadoras tanto para os utilizadores individuais como para as empresas.

Para os utilizadores individuais, a perda de informações pessoais, financeiras e médicas valiosas pode causar danos financeiros e de reputação duradouros. As vítimas podem ver-se impossibilitadas de comprar um carro, alugar um apartamento ou obter uma hipoteca; podem mesmo ver negados serviços médicos essenciais. Muitas vezes, é necessário tempo e dinheiro para reconstruir a reputação de uma pessoa e voltar a pôr a sua vida em ordem.

XIII.4.SOFTWARE ANTIVÍRUS

O seu nome diz tudo. Em informática, um antivírus é um programa concebido para proteger a máquina ou o dispositivo em que está instalado.

Proteção contra software malicioso. Tal como a firewall, o antivírus é um dos principais dispositivos de segurança para proteger os dados do utilizador e garantir uma navegação óptima na Web. Este software elimina ou reduz o risco de ataques informáticos em computadores, telemóveis e tablets com acesso à Internet.

Se o seu computador for atacado por um vírus, este pode afectá-lo das

[24] https://www.cisco.com, consultado em 11/10/2023 às 04h28".

[25] https://www.microsoft.com, consultado em 11/10/2023 às 04h41 '

seguintes formas
. Abrandamento do computador
. Danificar ou apagar ficheiros
. Reformatação do disco rígido
. Avarias frequentes no computador

- Perda de dados
- Incapacidade de realizar uma tarefa no computador ou na Internet[26]

[26] https://geekflare.com, consultado em 11/10/2023 às 04h56'.

CAPÍTULO XIV

FUNÇÕES DO EXCEL

XIV .1.COPIAR UMA FÓRMULA

Para copiar uma fórmula, proceda da seguinte forma:

1. Selecione a célula que contém a fórmula a copiar células adjacentes.
2. Coloque o cursor no canto inferior direito até que este mude para um sinal de mais (+), da seguinte forma:

	A	B	C	D
1		Jan	Fév	TOTAL
2	Vélos	100	200	300
3	Jouets	200	50	
4	Jeux	300	100	
5				

3. Arraste a pega de cópia para baixo, para cima ou sobre as células que pretende preencher. Neste exemplo, a figura abaixo mostra como arrastar a pega de preenchimento para baixo:

	A	B	C	D
1		Jan	Fév	TOTAL
2	Vélos	100	200	300
3	Jouets	200	50	
4	Jeux	300	100	
5				

4. Quando se solta o clique, a fórmula é aplicada automaticamente para as outras células :

	A	B	C	D
1		Jan	Fév	TOTAL
2	Vélos	100	200	300
3	Jouets	200	50	250
4	Jeux	300	100	400
5				

5. Para alterar o modo de cópia, clique no botão "**Opções de cópia incremental**" que aparece quando tiver terminado a cópia e, em seguida, na opção da sua escolha.

XIV.2.FUNÇÃO NBVL

A função **NBVAL** do Excel é utilizada para determinar o número de células que não estão vazias.

=NBVAL(intervalo_de_células)

Exemplo

O objetivo é obter o número total de membros que fizeram um donativo:

	A	B	C
1	Membres	Don(s)	
2	Prénom 1	50.00 €	
3	Prénom 2	111.00 €	
4	Prénom 3		
5	Prénom 4	150.00 €	
6	Prénom 5		
7	Prénom 6	5.00 €	
8	Prénom 7	36.00 €	
9	Prénom 8		
10	Prénom 9	710.00 €	
11	Prénom 10	21.00 €	
12			
13	Nombre de membres ayant fait un don :		
14			

Selecione a função NBVAL e, em seguida, introduza simplesmente o intervalo de células em que o número de células não vazias deve ser contado:

=NBVAL(B2:B11)

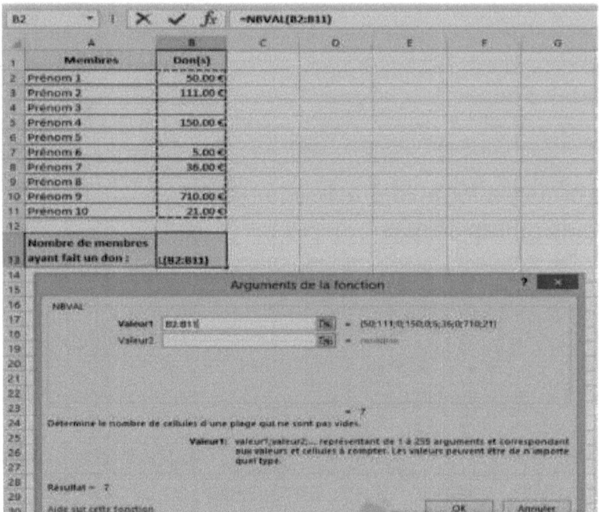

Clique em OK para obter o resultado:

B13 =NBVAL(B2:B11)

	A	B	C	D
1	Membres	Don(s)		
2	Prénom 1	50.00 €		
3	Prénom 2	111.00 €		
4	Prénom 3			
5	Prénom 4	150.00 €		
6	Prénom 5			
7	Prénom 6	5.00 €		
8	Prénom 7	36.00 €		
9	Prénom 8			
10	Prénom 9	710.00 €		
11	Prénom 10	21.00 €		
12				
13	Nombre de membres ayant fait un don :	7		
14				

XIV.3.FUNÇÃO MÍNIMO e MÁXIMO[27][27]

A função MAX é utilizada para obter o valor máximo de um conjunto de números.

=MAX(*number* **)** *"number"* é uma referência a um conjunto de números ou a uma sequência de números separados por ponto e vírgula (;).

XIV.3.1.A FUNÇÃO MIN

A função MIN é utilizada para obter o valor mínimo de um conjunto de números.

=MIN(*número* **)**

number" é uma referência a um conjunto de números ou a uma sequência de números separados por ponto e vírgula (;).

Exemplo

	A	B	C	D	E	F	Résultat	Formule
1	5	6	8	2	47	3	47	=MAX(A1:F2)
2	1	4	7	9	10	14	1	=MIN(A1:F2)

XIV.4.REFERÊNCIAS RELATIVAS E ABSOLUTAS

A referência de uma célula é o código que nos permite identificá-la: A1, B3, C15, T375, etc. Algumas pessoas utilizam a palavra "endereço da célula", mas é o termo "referência" que deve ser utilizado.

XIV.4.1.REFERÊNCIA RELATIVA

Uma referência relativa é uma referência que varia quando a copia. Relativa porque as referências das células não são fixas (A1, B1,   ).

---

27 https://excel.quebec, c������ �e 11/10/2023 � 12h35�

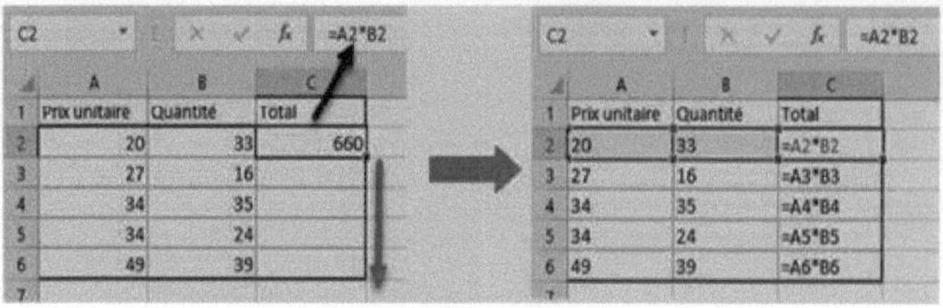

XIV.4.2.REFERÊNCIA ABSOLUTA

Uma referência absoluta é aquela que não será modificada durante uma fase de recópia. Uma célula é fixa quando se coloca $ em ambos os lados da referência:

=$F$2

$F$2

Para posicionar os dois $ na referência da célula, basta premir a tecla F4 do seu teclado.

Exemplo / Erros a não cometer

Para compreender o valor de uma referência absoluta, vamos calcular o preço das nossas vendas incluindo o IVA. A taxa de IVA está na célula F1.

ERRO AO COPIAR

A fórmula de cálculo do preço das nossas vendas, incluindo o IVA, é a seguinte

=E5*F1+E5

Copiando esta fórmula, identificamos rapidamente que há um problema porque temos muitos erros na coluna F □????????

	A	B	C	D	E	F	G
1					TVA	18%	
2							
3							
4	Produit	Date	Quantité	Prix unitaire	Total	Total TTC	
5	Produit 6	04/07/2016	3	35	105	123,9	=E5+F1*E5
6	Produit 2	05/07/2016	1	26	26	26	=E6+F2*E6
7	Produit 1	05/07/2016	8	28	224	224	=E7+F3*E7
8	Produit 8	07/07/2016	3	62	186	#VALEUR!	=E8+F4*E8
9	Produit 4	09/07/2016	3	60	180	22482	=E9+F5*E9

CORRECÇÃO DO ERRO

Neste exemplo, é fácil ver que a referência de IVA é deslocada quando a fórmula é copiada para baixo.

Assim, para ficarmos com a célula F1, vamos escrever a nossa fórmula da seguinte forma:

=E5*$F$1+E5

Ao copiar a nossa fórmula, temos agora cálculos corretos porque todas as fórmulas utilizam a célula F1 ????????

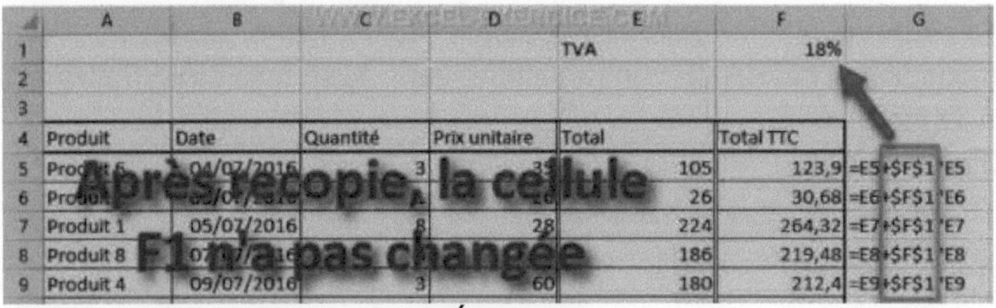

	A	B	C	D	E	F	G
1					TVA	18%	
2							
3							
4	Produit	Date	Quantité	Prix unitaire	Total	Total TTC	
5	[illegible]	[illegible]	3	[illegible]	105	123,9	=E5+$F$1*E5
6	[illegible]	[illegible]	[illegible]	[illegible]	26	30,68	=E6+$F$1*E6
7	Produit 1	05/07/2016	8	28	224	264,32	=E7+$F$1*E7
8	Produit 8	[illegible]	[illegible]	[illegible]	186	219,48	=E8+$F$1*E8
9	Produit 4	09/07/2016	3	60	180	212,4	=E9+$F$1*E9

TESTE PARA VERIFICAR A FÓRMULA

Agora, se alterarmos a taxa de IVA para 20%.

. Alterar o valor em F1 para 20%.

Toda a nossa tabela é actualizada imediatamente, tendo em conta os novos dados, mas as fórmulas permanecem as mesmas. ????

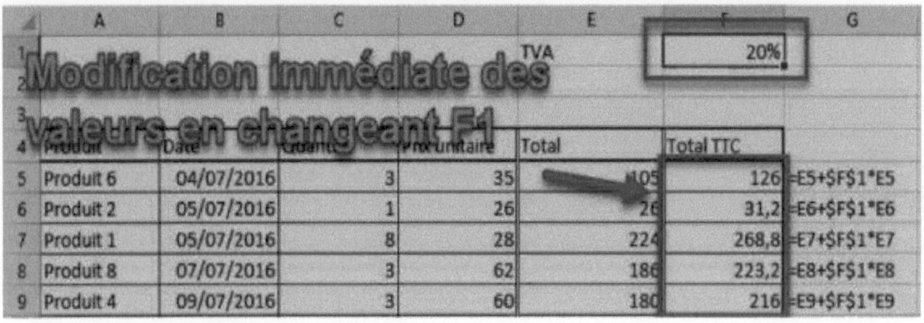

	A	B	C	D	E	F	G
1					TVA	20%	
2							
3							
4	[illegible]	[illegible]	[illegible]	[illegible]	Total	Total TTC	
5	Produit 6	04/07/2016	3	35	105	126	=E5+$F$1*E5
6	Produit 2	05/07/2016	1	26	26	31,2	=E6+$F$1*E6
7	Produit 1	05/07/2016	8	28	224	268,8	=E7+$F$1*E7
8	Produit 8	07/07/2016	3	62	186	223,2	=E8+$F$1*E8
9	Produit 4	09/07/2016	3	60	180	216	=E9+$F$1*E9

SIMPLIFICAÇÃO DA FÓRMULA

Repare que utilizamos a referência total (coluna E) duas vezes na fórmula. Podemos simplificá-la utilizando as regras de factorização em matemática, ou seja, =E5*(1+$F$1)

BIBLIOGRAFIA

- **As obras**

- Curriculum national des Humanites Techniques Commercials, Opção: Secretariado-administração.

- Guillaume PLOUIN, *Cloud computing. Securite, gouvernance du SI hybride etpanorama du marché,* 4eedition, Dunod, Paris, 2016.

- Jacques LONCHAMP, introduction aux systemes informatiques, Paris, Dunod, 2017.

- **Os sítios Web :**

- https://mspoweruser.com
- https://www.inmac-wstore.com
- https://aws.amazon.com
- https://www.phpeasydata.com
- https://www.codyx.org
- https://commentouvrir.com
- https://web.maths.unsw.edu.au
-

MIX
Papier aus verantwortungsvollen Quellen
Paper from responsible sources
FSC® C105338

Printed by Books on Demand GmbH, Norderstedt / Germany